草根神话 系列丛书

生活 365

安 健 / 编著

中国出版集团 现代出版社

图书在版编目(CIP)数据

生活365 / 安健编著. —北京：现代出版社，2013.5(2021.8重印)

（草根神话）

ISBN 978-7-5143-1544-8

Ⅰ.①生…　Ⅱ.①安…　Ⅲ.①成功心理—通俗读物

Ⅳ.①B848.4-49

中国版本图书馆CIP数据核字(2013)第079076号

编　著	安　健	
责任编辑	刘春荣	
出版发行	现代出版社	
通讯地址	北京市安定门外安华里504号	
邮政编码	100011	
电　话	010-64267325 64245264（传真）	
网　址	www.xdcbs.com	
电子邮箱	xiandai@cnpitc.com.cn	
印　刷	北京兴星伟业印刷有限公司	
开　本	700mm×1000mm 1/16	
印　张	12	
版　次	2013年5月第1版　2021年8月第3次印刷	
书　号	ISBN 978-7-5143-1544-8	
定　价	32.00元	

前 言

QIAN　YAN

　　读小学时的一首诗至今仍然不时地回荡在记忆里,那就是白居易的《草》:"离离原上草,一岁一枯荣。野火烧不尽,春风吹又生。"野草具有顽强的生命力,它是斩不尽锄不绝的,只要残存一点根须,来年就能重新发芽,很快蔓延原野。那草正是胜利的旗帜,烈火再猛,也无奈那深藏地底的根须,不管烈火怎样无情地焚烧,一旦春风化雨,又是遍地青青的野草,野草的生命力是多么的顽强!

　　野草因其平凡而具有顽强的生命力;野草是阳光、水和土壤共同创造的生命;野草看似散漫无羁,但却生生不息,绵绵不绝;野草永远不会长成参天大树,但野草却因植根于大地而获得永生。野草富有民众精神,它甚至于带着顽固的人性弱点。草根具有强大的凝聚力,更具有强大的生命力和独立性。草根代表着这样一群人:他们知道自己很优秀,眼界比别人宽,舞台比别人大,但是他们简单,低调,很热爱身边的每个人,不自大,很快乐地骄傲着。他们来自祖国各地,聪明程度毋庸置疑,但仅有聪明是不够的。尽管他们曾经踌躇满志,但前路是遥远而坎坷的。或者因洁身自好,或者因厌倦红尘,或者因能力不够,或者是命运的捉弄,最终并非每个人都会站在时代的巅峰,也并非每个人都愿意站在时代的巅峰。从他们身上,我们也看得出社会对我们的期许,这就足够了。

　　对大多数青年而言,上大学是成才和进步的最佳路径,但由于环境和个人因素的诸多制约,不少人的大学梦往往止步于虚幻的梦想阶段,他们对于拥有知识、成就自我的热望,也就此沉淀在琐屑的劳作里。高等教育在一定程度上制约了社会群体的流动,也可能让部分人丧失努力和奋斗的勇气。其实,草根才是主流,草根人物的辉煌人生才是真正的神话。草根人物对自己内心观察和发展前途的思考是什么?草根人物崛起之路的底蕴是什么?草根人物的发展方向和步骤是什么?本书从人生起伏视角发掘古今中外草根人物的困惑和崛起根源,探讨草根人物的创业思路和发展方法,求证草根人物成功的秘密所在。旨在通过草根人物的传奇人生,深刻地解读他们的成功细节,是一部真正意义上的草根人生百科全书。

　　本书以专业独特的视角,轻松幽默的笔触,为你还原一个个古今中外草根人物的别具一格的传奇人生,深度解读他们成功路上的呐喊、彷徨和成就,为你带来一种真正意义上的心灵震撼之旅。

　　尽管我们付出了诸多的辛苦,然而由于时间紧迫和编者的能力所限,书稿错讹之处在所难免,敬请各方面的专家学者和广大读者批评指正,我们将不胜感激!

编　者

2012年11月

目　录

第七章 社区民警的骄傲孙炎明

第八章 当代雷锋郭明义

第九章 社区里的心灵强者李丽

第十章 社区里的巧手妈妈邵雪莲

开篇　草根的神话

"草根"一词的来源

有学者把非政府组织（也称为非官方组织，即NGO）称作草根性人民组织；另一种含义是指同主流、精英文化或精英阶层相对应的弱势阶层。比如一些不太受到重视的民间、小市民的文化、习俗或活动，等等。

从各种文章来看，实际应用中的"草根文化"的含义远比以上的解释来得丰富。

至少"无权"还是草根的特征之一。

网络也应该是一种草根文化（grass-rooted culture），它所能表述的是一种非主流、非正统、非专业或曰爱好者，甚至纯然出自民间草泽的人所构成的群体，他们使之区别于正统的主流的声音，有其独立存在的理由和独特优势。

还有另一种解释为出自民众的人：草根英雄，草根明星。

"草根"的说法产生于19世纪美国寻金热流行期间,盛传有些山脉土壤表层、草根生长的地方就蕴藏黄金,即英文grass roots。

"草根"在网络和现实中的解释可以说很全面。每一篇都谈到了"草根"及其来源,英语、汉语的解释,也都承认最早是流行于美国,而后在20世纪80年代传入中国,又被赋予了更深的含义,在各领域都有其对应的词语。

正如"Do News"(IT新媒体资讯平台)的创建者刘韧在其博客《草根的感激》中说的一样:"草根是相对的。"

有一种说法叫"合群之草,才有力量"。这句话有两种解释:

第一就是不要孤芳自赏,要主动合作。

第二是人多力量大,团队合作的重要性,一棵草是永远也长不成参天大树的。

"草根"人物及其性格特点

草根的特点

近年来文化研究,学人多有引用"草根"一说者。野草因其平凡而具有顽强的生命力。

野草是阳光、水和土壤共同创造的生命;野草看似散漫无羁,但却生生不息、绵绵不绝;野草永远不会长成参天大树,但野草却因植根于大地而获得永生。

草根代表着这样一群人

他们知道自己很优秀,眼界比别人宽,舞台比别人大。但是他们简单,低调,很热爱身边的每个人,不自大,很快乐地骄傲着。

野草富有民众精神,它甚至带着顽固的人性弱点,草根性具有强大的凝聚力,更具有强大的生命力和独立性。

"草根"人物主要有以下两个

特点：

第一，顽强。应该是代表一种"野火烧不尽，春风吹又生"的生命力；

第二，广泛。遍布每一个角落。所以，每一个在自己键盘上坚持更新的Blogger（写博客的人，亦称博主）都是草根。

在我们身边有这样一群人：他们知道自己很优秀，眼界比别人宽，舞台比别人大。但是他们简单、低调，很热爱身边的每个人，不自大，很快乐地骄傲着。

人们都喜欢艺术家，那种提法怎么说呢，对人民艺术家来说，这个帽子足够大吧。

但是现在的娱乐界，尽管人人都喜欢被称为艺术家，但有些明星只能叫娱乐人，却不能叫艺术家。

草根英雄赵本山

身为尽人皆知的草根英雄，赵本山无疑是位值得尊敬的艺术家。20世纪80年代，赵本山与潘长江在沈阳北市大戏院演出《大观灯》，一演就是上百场，创造了演出奇迹。

如今已经成腕的赵本山在演出时还是一丝不苟。

在很多人的眼里，赵本山跻身艺术家的理由显然充足，通过东北二人转这个东北三省人民的娱乐方式和精神母体发扬光大，同时将中国小品玩味到极致。

其实，英雄莫问出处，赵本山更值得人尊敬的在于当草根成了英雄后，自身仍保持着草根情结，在事业做得游刃有余之时，反手对东北二人转来记"化骨绵掌"，揭开拥有近300年历史的二人转的那块羞答答的红盖头。

从东北二人转到赵氏小品再到影视剧，赵本山用一记装疯卖乐、假痴不癫大法，将东北语言和民间元素表现得淋漓尽致。

放眼时下娱乐界,能做到像赵本山这般对人性和社会现象予以自嘲的同时,对娱乐界进行解构和推进的,有几人呢?

毫无疑问,与假痴不癫相比,装疯卖乐更是一种人生大境界,没有几个人真正能够做到。

草根歌手李宇春

还有最受欢迎的草根歌手李宇春,她成功的一大标志是拥有着众多的"玉米"和人气。

当她登上美国《时代》周刊封面有人撰文说:"李宇春登上《时代》周刊封面,中国呼唤平民英雄。"

其实,2005年"超级女声"的火爆,和境内外媒体的煽风点火不无关联。

国内的主要报刊在6月份迅速跟进"超女"选题,有相当大一部分都是受到《今日美国》和《巴尔的摩太阳报》两份报纸的影响。

毕竟,在某种意义上,中国的影像工业造星乏术。尽管有若干影星占据银幕,也有少数摇滚歌手可以炒热体育场,但鲜有电视荧屏上的面孔能够真正出位,而这也正解释了为什么一个名叫李宇春的21岁四川女生会成为中国最受欢迎的流行歌手。

李宇春在湖南卫视那档类似"美国偶像"的歌唱比赛中胜出,并赢得了她独一无二的称号:"蒙牛酸酸乳超级女声"——这个节目吸引到了中国电视史上最大的观众群。

实际上,李宇春现象早已超越了她的歌声。李宇春所拥有的是态度、创意和颠覆了中国传统审美的中性风格。但是,李宇春确实拥有更多含义:她代表了张扬的个性,这就是她成为全国偶像的原因。

换言之,李宇春的个性特质是:其中性化的特点,在这个泛娱乐时代恰到好处地迎合了中性时代的到来。而李宇春其人的成功之处也在于,拥有自身的机遇,加之自身确实拥有一定的实力和努力,从而赶上了一个疯

狂的娱乐时代。

李宇春本人亦是借"超女"包装出来的，借"超女"疯出来的，借一帮娱乐粉丝抬出来的。

网络写手

正如同传统媒体和经纪公司捧出明星一样，网络媒体自被广泛认可以来，也不断地捧出一个个网络名人，网民是一个特殊的群体。70后的人群在2000年前后，是网络的主力军，他们中的很多人都很有才华，也颇具个性。因而，网络也捧出了大量的网络写手。

比如，2010年5月腾讯微博入驻过一位刚毕业的大学生，他用自己的亲身经历写出被新媒体、各大纸媒誉为中国首部最为经典的微小说《eilikochen京都生活记》，也被称为微小说创始人，他就是陈鹏。

年轻的他成为北漂的代表，腾讯微博粉丝数万。

《eilikochen京都生活记》是中国首部及时纪实性连载微小说，作者陈鹏先生从2010年5月开始在腾讯微博实时在线写作，随时接受网友的互动参与，陈鹏自己的故事或身边的见闻趣事随时有可能被作者写进微小说里，因此受到网友的热捧。

但人们追捧这部微小说，不仅仅因为它是国内外线上发表的第一部微小说，更因为这部小说道出了现代人心中对现实生活、对各类情感的困惑与迷惘。

《eilikochen京都生活记》已在腾讯微博独家网络在线发布，至今仍在连载已更新发表一百四十回。

草根族

在论坛和博客中，开展评论非常自由，工资低可以呼吁，房价上涨可以发发牢骚,出租车提价可以评论,特别是在论坛上彼此互动,你一言我一语,甚至争得不可开交,大家觉得很爽快。

"草根族"的评论有许多并没有石沉大海。

2003年,新华社首次披露中央高层领导对网络的重视看来"草根族"的评论并非人微言轻,"香草根"的"舆论场"作用,日益受到中南海高层的重视和肯定。

然而"草根族"中也有"毒草根"。个别网民编造的谣言之所以具有强大的杀伤力,当然与网络的传播特性有关。通过转帖、邮件、即时聊天工具发送等方式,一个查无实据的谣言很快就能覆盖数量广泛的人群,进而在社会上造成严重的影响。

> **草根族**
>
> 时下"草根族"这个称呼很盛行,据说"草根族"这个称呼最早来源于法国资产阶级大革命时期,是对社会底层的百姓的一种称呼。
>
> 现在其所指也是社会最下层——平民老百姓的意思。互联网的论坛和博客为"草根族"搭建了一个自由言论的平台,他们可以畅所欲言的谈天下、谈社会、谈热点、谈对一些政策的看法。

看来"草根族"中也有良莠之分,"草根族"在网络中应大力提倡自律,遵纪守法,自觉做促进社会主义文明的网民,共同创建健康的、积极向上的、文明的网络环境。

草根文化

"草根文化"是伴随着改革开放思想的解放、意识观念的革新、科技进步、市场经济发展、创新2.0的逐步展现引发的创新形态、社会形态变革及其带来的社会大众道德观念、爱好趣味、价值审美等变化出现的文化多样化的发展趋势,在民间产生的大众平民文化现象。

后来"草根"一说引入社会学领域,"草根"就被赋予了"基层民众"的

内涵。

社会学家、民俗学家艾君在"改革开放30周年解读"中认为,每一次思想的解放、社会变革和科教的进步,都会派生和衍生出一些特殊的文化现象。

它的出现体现出改革开放后文化的多样性特点,也可以从一定意义上反映出以阳春白雪占主流的雅文化的格局已经在承受着社会文化中的"副文化、亚文化"的冲击。

这种特殊的文化现象其实是社会民众的一种诉求表达,折射出社会民众的一种生活和消费需求,以及存在的心理需求。

它具有平民文化的特质,属于一种没有特定规律和标准可循的社会文化现象,是一种动态的、可变的文化现象。科学技术发展引发了创新形态、社会形态的变革,创新2.0也正在成为知识社会条件下的典型创新形态并影响社会的草根化进程。

Web2.0是创新2.0在互联网领域的典型体现,而Blog则无疑是Web2.0的典型代表。

博客提供给普通大众和媒体精英以及潜在媒体精英同样的发挥机会和展示的舞台。

既然媒体精英进入博客写作市场,那么在充分竞争之后,中国博客发展一定和美国的Blog反专业主义、反精英主义发展完全相反,所以中国的博客之后的发展,一定是继续精英化,而不是像在美国祖先一样草根化。

其实不用再多说什么了,那些指望通过BSP(博客服务托管商)的首页,给自己的blog带来流量的草根们,恐怕只好先把自己弄成精英再说了。

看看新浪推荐的优秀Blog,余华、张海迪、潘石屹、徐小平都属于精英博主。

不否认精英的影响力,实际上新浪正是在利用他们的这种影响力,来吸引草根们到它的网站上开blog,这会很有效。

但互联网正在把影响力赋予那些以前不具有影响力的人,blog圈是条长长的尾巴,而每个blogger都是这个尾巴上的那么一点。这就是《纽约时报》所说的,"Every one is famous for 15 people"(每个人都可以在15个人中大名鼎鼎)。这15个人，可能包括你的恋人、朋友、同事,你对他们的影响力,可能远远超过那些精英们对他们的影响力。

比如,我告诉你应该看超女,你可能不会看,但你的女友告诉你应该看超女,你就真的看了。

作为管制而没有充分发展,实际上所有的管制都是一部分人对另一部分人的管制,一部分精英对另一部分精英话语权的剥夺。所以很多话只能在自己的Blog上说。

不过有的人不认为写Blog的人会是精英，只不过他的Blog的读者略多于其他Blog而已，但不会像《读者》那样拥有几百万读者。

从媒体的角度看Blog,它的读者总数正在快速增加。尽管每一个单独的Blog都很小众，但它们的读者再少,也一定会有最忠实的。

整个Blog圈的读者绝对是个可以跟任何媒体相抗衡的数字，这就是长尾的威力。

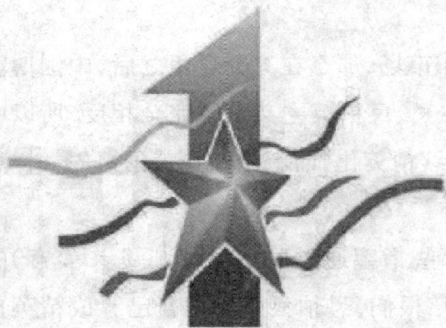

The First Grass Roots Festival

草根文化艺术节

管制几个精英很容易,但管制几百万Blogger很难。

因为再微弱的声音也有发出来的欲望和可能。门户网站用精英做招牌,目的还是吸引大量的草根。

Blog让草根不再只是充当衬托精英的背景,至少在15个人中,每个Blogger都是一个主角。

"草根文化"的现实意义

健康向上的"草根文化"会形成对主流文化的重要补充,但愚昧落后的"草根文化"无可否认也会对传统意义上的主流文化带来辐射、腐蚀和冲击。

改革开放三十多年来,"草根文化"的风起云涌,从一定意义看,丰富了人们的文化生活,补充了人们的精神需求,体现了文艺的"百花齐放,百家争鸣",对主流文化进行了辅助和补充,使文艺体现出了真正的"雅俗共赏"之特点。但实际上对一些主流文化的普及和弘扬也是一种挑战。

任何的文化不能脱离了其社会价值和对社会发展所具有的责任,不能脱离了文艺的"二为"方向,"草根文化"因为其来自民间、来自生活,这些文化难免有的带有一定的糟粕和腐蚀性。

对待"草根文化"我们应该在"科学发展观"的指导下,剔除一些糟粕,尤其应该剔除那些对我国优秀的传统文化造成颠覆性的破坏较大的"草根文化",倡导和发展那些群众所喜闻乐见又对社会发展有进步意义的"草根文化"。

总而言之,对待日趋泛滥的"草根文化"现象,我们应该以"三个代表"重要思想为指

博客的分类

按照博客主人的知名度、博客文章受欢迎的程度,可以将博客分为名人博客、一般博客、热门博客等;按照博客内容的来源、知识版权,还可以将博客分为原创博客、非商业用途的转载性质的博客以及二者兼而有之的博客。

针，以"科学发展观"为指导，采取"批判吸收的鉴赏态度"，认真领会认识"继承和发展的关系""扬和弃的关系""批判和吸收的关系"，继承和发扬"草根文化"中那些有益的精神文化内容，批判和剔除那些对人的修养、道德建设以及对社会发展、人类进步有腐蚀作用的"劣质内容"，让"草根文化"真正成为主流文化的重要补充，成为构建和谐社会、实现全民小康的一种社会动力和精神财富，成为一笔宝贵的文化遗产。

第一章　社区文化使者的梦想人生

人物传奇　他们不计报酬,不计名利,努力挖掘古老的江海文化,并认真的进行艺术创作,用艺术手段来表现中国南通两项非遗文化——蓝印花布、哨口风筝,将其搬上绚丽多彩的艺术舞台,并受到国内外文艺专家和广大人民群众的欢迎。他们真正的做到了活到老,学到老,实现了年轻时的梦想。

第一节　弘扬民间艺术的艰辛

2009年4月8日晚,在江苏南通环西文化广场隆重举行的"春满大地"表彰会上,新城桥街道易南社区侨眷钱吉华老师,荣获"文明新风典型奖"。

钱吉华老师,喜获"文明新风典型奖",当之无愧。

钱吉华老师多年来,关心和支持社区的工作,在当地是出了名的,尤其是对社区的文化活动,倾注了极大的热情。平时只要是社区的事,有求必应。

为了丰富活跃社区的群众文化

社区文化

它是指在一定的区域范围内,在一定的社会历史条件下,社区成员在社区社会实践中共同创造的具有本社区特色的精神财富及其物质形态。社区文化本质上是一种家园文化,具有社会性、开放性和群众性的特点。发展社区文化,可以强化社区群众的主人翁意识,倡导特有的健康的民风民俗,增强社区居民的归属感,维系社区良好的人际关系,提高居民的生活质量。

活动,在钱老师的帮助下,社区先后组建了合唱队、二胡队,钱老师既是组织者又是指挥者。

在整个合唱排练中,钱老师细心跟合唱队员讲解歌唱的技巧、吐字的方法、发音的部位。

为了唱准一个音符和正确的发声,钱老师不厌其烦,一遍又一遍带领大家歌唱,顾不上休息,顾不上喝一口水,认真讲解,亲自示范,她认真的态度及对艺术的完美追求,深深感染着每个合唱队员。大家声情并茂,认真演唱。

在她的认真指导下,合唱队已基本掌握歌唱的技巧及每首排练歌的演唱风格,相信不久就能正式登台演出。

崇川民间艺术团是钱吉华老师多年来的心血结晶,从成立至今,作为团长的她以顽强的意志,过人的精力和丰富的艺术实践,苦心钻研蓝印花布艺术表演,将古朴典雅的蓝白两色与舞台艺术相结合,使蓝印花布的艺术价值得到了升华,是真正的蓝印花布的"文化使者"。她与艺术团的成员们载着蓝白艺术走出南通,走向全国,融入世界,让"纺织之乡"美誉,誉满全球。

十年来,她带领团员们先后共创编了古今中外舞蹈30个,15种类型的时装表演,还有南通古民谣等语言类节目,活跃在工厂、学校、社区、农村、商店、军营,为广大人民群众演出了六百多场,观众达五十多万人次。所到一处,观众都被她们准专业的艺术水平所震撼。

钱老师组建的艺术团建团十年来不计报酬,不计名利,努力挖掘古老的江海文化,并认真地进行艺术创作,用艺术手段来表现中国南通两项非遗文化——蓝印花布、哨口风筝,将其搬上绚丽多彩的艺术舞台,并受到国内外文艺专家和广大人民群众的欢迎。先后在国内外

民间艺术

"民间艺术",是艺术领域中的一项分类,冠以"民间"字样,显然是要与所谓的"宫廷艺术"与"贵族艺术"等有所区别。不过"民间艺术"的领域很宽广,而且也不乏很多"绝活",像皮影、剪纸、编织、绣花、狮子舞等等,都是很著名的民间艺术,也是中华文化的瑰宝。

文艺大赛中,共获金奖、大金奖十六
次、项。

　　艺术团从南通演到南京,再演到
北京;从国内演到国外。

　　在对外进行国际民间文化交流
时,由于独具匠心的编导手段和演员
精湛的表演,受到国外人民的热烈
欢迎。

> ### 行为文化
>
> 　　在社区内,定期或不定期地举办丰富多样的活动,如文化节、歌咏比赛、晚会、体育运动、趣味沙龙、郊游等,把分散的业主们组织起来,增强社区凝聚力。把尊老爱老作为一个重点,增进老年人交往和交流,增进业主间的感情。同时,物业方面可创办文明业主学校,实施业主教育计划,开输家政、书画、园艺等学习班,提高业主文化修养。

　　15年前,从大学教师岗位退休的
钱吉华,和5个志同道合的姐妹,一起组建了侨友艺术团,"一开始只是想
重拾年轻时的梦想,自娱自乐,丰富退休后的生活。"

　　艺术团成立至今,钱吉华带领团员们努力挖掘地方优秀文化资源,先
后创编了50多个节目,其中服饰表演《蓝白风韵》、民间舞蹈《青花双凤》
等,巧妙地将国家级非遗项目蓝印花布、哨口风筝融入表演,充满了浓郁
的江海风情。

　　从南通到南京再到北京,从国内到国外,钱吉华和姐妹们多次代表南
通参加国内外文艺表演交流,成为名副其实的民间"文化使者","各级党
委、政府对群众文化越来越重视。"钱吉华说,这点让她感触最深。

　　近年来,崇川区制定出台了《业余文艺团队管理办法》等一系列政策
措施,建立文化团队扶持基金,并通过比赛、巡演等活动,让群众文化团队
有更多展示机会。

　　现在的侨友艺术团,已有50多名团员,"还有很多人想要加入我们艺
术团。"

　　在街道的支持下,钱吉华又成立了"吉华文化工作室"。"我很自豪,这
15年没有虚度光阴。"

　　已经70岁的钱吉华将继续她的艺术之路。

第二节　最负盛名的文化名片

蓝印花布是南通最负盛名的文化名片，许多表现江海文化的艺术作品里，都缺少不了蓝印花布这一经典元素。

有这样一个由业余表演爱好者自发组成的艺术团，就将以蓝印花布为主题创作的艺术作品搬上了国际舞台，屡获大奖，这就是南通崇川民间艺术团。

崇川民间艺术团成立于1997年，成员来自各行各业，平均年龄50岁左右。

70岁的钱吉华是崇川民间艺术团创始人之一，她曾是某国家级歌舞团的一名演员，转业后回到南通，做了一名大学老师，退休后，她带领艺术团，经常参与各类公益演出。

2004年，在一次筹划节目的过程中，钱吉华突发灵感，以蓝印花布为主题创作了服饰表演节目《蓝白风韵》，一经演出，大获好评。

《蓝白风韵》以蓝印花布为表现主体，结合时装、歌舞、魔术等表演形式，融入江海文化，富有地域风味。

民间艺术形式

民间艺术是针对学院派艺术、文人艺术的概念提出来的。广义上说，民间艺术是劳动者为满足自己的生活和审美需求而创造的艺术，包括了民间工艺美术、民间音乐、民间舞蹈和戏曲等多种艺术形式；狭义上说，民间艺术指的是民间造型艺术，包括了民间美术和工艺美术各种表现形式。按照材质分类，有纸、布、竹、木、石、皮革、金属、面、泥、陶瓷、草柳、棕藤、漆等不同材料制成的各类民间手工艺品。

演出的服装，全部由钱吉华亲自设计。

带着《蓝白风韵》这个节目，艺术团多次受邀到北京、香港、台湾，甚至韩国表演，获得了15项国际国内表演大奖。

提起钱吉华老师，在整个南通侨界和文艺界无人不知、无人不晓，为演绎和弘扬江海文化，作为崇川区民间艺术团创办人的她，近年来，带领艺术团的姐妹们多次深入街道、社区、企业进行演出，他们的足迹

遍及祖国的大江南北,并多次远赴海外开展文化交流。2008年,崇川区民间艺术团被评为崇川区文明新风群体典型。

南通濠河

濠河是南通的古护城河,有千余年的历史。史载后周显德五年(公元958年),南通"筑城即有河"。目前濠河全长10公里,水面1040亩。最宽处215米,水波浩淼,极似湖泊;最窄处仅10米,又似丝带彩练。整个濠河曲曲折折,迂回激荡,呈倒置的葫芦形状环抱老城区,是目前国内仅存的4条古护城河之一。

对于社区的文化活动,钱老师同样倾注了极大的热情,只要是社区里的事,有求必应。

这不,为了参加新城桥街道举办的"双百双十"动员会暨社区居干(社区居委会干部,以下称居干)文艺汇演,社区又找到了钱老师。

钱老师二话没说,当天下午就来到社区,帮着张罗和策划节目方案,赶排舞蹈节目,手把手,一招一式,细心辅导参演的居干。

在整个排练过程中,钱老师顾不上休息,顾不上喝一口水,不厌其烦,一遍又一遍地辅导。

为了规范和统一一个动作,钱老师细心讲解动作要领,并亲自示范舞蹈动作。

她那认真的态度及对艺术的完美追求感染着社区的居干。

最令人感动的是,钱老师还把民间艺术团的新的舞蹈服装、道具,无偿拿来,给演出居干使用。经过连续四个下午紧张的排练,歌舞《走进新时代》完善一新。

汇演当天,钱老师又带着化妆师来到社区,精心地打扮每一位参演居干。

下午,新城桥街道居干文艺汇演拉开帷幕,易南社区全体参演居干精神饱满,迈着矫健的步伐登上舞台。

在全体居干的共同努力下,演出圆满成功,获得演出一等奖。此时此刻,所有参演的社区居干从心底里发出对钱老师由衷的感谢。

忙,忙,忙,这是2009年钱吉华的生活状态。

赴日本,去四川,跑海南,一个又一个的比赛和演出,让这个年近七旬

> **艺术形式**
>
> 一是内形式,即内容的内部结构和联系;
>
> 二是外形式,即由艺术形象所借以传达的物质手段所构成的外在形态。在任何艺术作品中,内形式与外形式是结合在一起的,只有通过一定的艺术形式,艺术作品的内容才能够得到表现。艺术形式具有意味性、民族性、时代性、变异性等特点。构成艺术形式的要素有:结构、体裁、艺术语言、表现手法等。

的老人没有丝毫喘息的机会。

这一年,辛苦多多,但也收获多多,"全年拿了8个国际国内大奖,我很满足!"谈及过去的一年,钱吉华十分欣慰。

适逢建国60周年,钱吉华也迎来了她创作的高峰期。以《时代霓裳》为例,她通过"时装舞蹈"这一崭新的艺术形式,展示了建国60年来国人服装的变迁,反映了新中国的发展变化。

8分钟内展示了300多套衣服,节目一经推出,大受观众热捧;而由她创作的另一个舞蹈作品《青花双凤》则入选2010年全国中老年春节电视联欢晚会,使这个融合了蓝印花布制作工艺、哨口风筝这两项南通"非遗"的舞蹈得以在全国观众面前亮相。

忙碌,依旧是2010年钱吉华生活的节奏。她的新年计划排得满满的:推出时装舞蹈《濠河古韵》,还原1 000年前濠河人家的生活;与南通职业大学服装系进行业务对接,让一批年轻人加盟艺术团;做好慈善公益事业,新的一年还将前往四川继续文化赈灾,并寻找企业合作,将演出送进福利院、聋哑学校……"新的一年,除了忙好团里的事情,希望能有时间多陪陪家人!"钱吉华说。

第三节　夕阳映美景

之前为献礼南通市第20个敬老节,南通市举办第二届老年人才艺大赛暨"退管杯""人生晚霞"征文演讲活动。

大赛由市委宣传部、文明办、劳动保障局等9个部门联合主办,市退休人员管理服务中心和市电台承办。

活动一开始,就得到了离退休人员的积极响应。短短半个多月的时

间，就收到了近300篇稿件，其中有62名老人自愿报名参加演讲，离退休人员的热情之高，超出了主办单位的预料。

他们或个人报名，或集体参赛，或邻里合作，或同事组合，以征文和演讲的形式，热情讴歌党和政府对广大离退休人员的关爱，畅抒改革开放后的美好生活，歌颂实行企业退休人员社会化管理服务后带来的巨大变化。

"蓝印花布方又方，花鸟鱼虫真漂亮。哥哥在外做生意，妹妹在家织布忙。"

当南通大学退休教师钱吉华身着红色上装，唱着这首《蓝印花布情歌》走上演讲台时，其热情活泼的程度一点也不亚于当代的青年人。

钱吉华在青少年时代就梦想当一名艺术家。可是贫困的家境没条件成就她的艺术梦。

虽然在13岁时经中学校长推荐考上了中国建筑歌舞团，但由于时事变迁，几经辗转，钱吉华进入南通医学院从事医学电视教材编辑工作，一干就近30年。

她曾经无数次叹息，心中的艺术梦破灭了。钱吉华退休时，有一家旅行社聘她当总经理，3家学校聘请她当舞蹈教练，朋友则建议搞一个服饰艺术团。

3年后，她毅然放弃了前两项有优厚待遇的工作。尽管没有报偿，又受苦受累，钱吉华还是选择了组建崇川民间艺术团的路，做一名艺术的追梦人。

在艺术的道路上，钱吉华苦苦追求，潜心钻研。她巧妙地把具有南通地方传统特色的蓝印花布搬上了舞台，提升了蓝印花布的艺术魅力和艺术价值。

在编导节目时，钱吉华创作编排了一个个具有鲜明主题和特殊韵味的文艺节目,组织排练时一丝不苟,给予每一个上台的模特儿灵动的光芒。

在近10年的时间里,钱吉华创作编排了近30个古今中外的舞蹈和14档时装节目,其中,3个节目被文化部、中国老年艺术团收入节目库,作为保留剧目。

钱吉华一手创办的崇川区民间艺术团演出近600场,观众达50多万人次,并先后6次上了中央电视台三套和四套,3次进入北京政协礼堂演出,还受到党和国家领导人的亲切接见。

钱吉华用不懈的追求,始终追寻着少年时代的艺术梦。

年龄最大的参赛者

当龚冰步履轻松、神态自若地走上演讲台时,台下的评委和观众怎么也看不出她已有82岁的高龄。

与她交谈时,龚冰耳聪目明,思维敏捷。据她介绍,看书报还不需要戴眼镜呢。在那天举行的演讲比赛的60多位参赛人员中,她是年龄最大的参赛者。

海安县在创建民营经济特色强县的活动中,乡镇村办企业像雨后春笋般迅速成长。

面对这样的形势,如何办好一个企业,并使之越办越兴旺,带动一大片百姓发家致富,作为长期从事经济工作的一名老党员,龚冰一直在思考这个问题。经过调查,责任感促使龚冰下决心,提笔写作,给企业家当参谋。

为写书,她到电脑室去拣废纸和反面未印字的草稿纸,节省财力买圆珠笔芯,起早带晚挤时间、巧安排,一

艺术内容与形式的关系

艺术内容离不开艺术形式,同时艺术形式也离不开艺术内容。没有无形式的内容,也没有无内容的形式。一般说来,艺术内容决定艺术形式,艺术形式表现艺术内容,并随着艺术内容的发展而发展。但艺术形式可以反作用于艺术内容,既可以有助于艺术内容的完美展示,也可以阻碍艺术内容的充分表现,影响艺术社会功用的有效发挥。

心钻研学习写作,向方方面面请教,先后走访调查了20多个有代表性的企业, 翻阅了30多本曾在工业经济战线上所做的笔记和经济建设的有关资料,结合新的体会和一些现代优秀企业的经验,以科学发展观思考企业经营和企业管理定律。经过半年时间,她几易其稿,终于写成了8万多字的《企业生存发展探索企业家须知》。新书印出后,受到了乡镇干部和企业家们的欢迎。

> **民间艺术的分类**
>
> 按照制作技艺的不同,又可以将民间艺术分为绘画类、塑作类、编织类、剪刻类、印染类等等。

老年人的大学梦

64岁的周素君,是一名有40年党龄的老党员。她从工作岗位上退了下来以后来到社区,但为人民服务的使命感没有改变。

周素君充分发挥科普方面的特长,全面参与了百花苑科普文明社区创建工作。

百花苑社区居民中有相当一部分是军转干部,为展现百花苑的特色,营造浓郁的社区文化氛围,周素君和社区领导精心策划,举办了一场别开生面的"家庭生活集萃"展,展品分为手工艺品、书法篆刻、摄影集和军功章等,有近60户家庭提供了126件展品,让前来参观的居民大开眼界。

近年来,百花苑社区科普工作成绩显著,多次获得全国、省、市科普工作先进集体的称号。

近年来,百花苑社区党委提出了创建"社区科普大学"的大胆设想,并把这一任务落实给周素君。因为社区办"科普大学"在全市乃至全省是首家,没有经验可借鉴。

2005年百花苑社区科普大学成立之初,报名参学人员达120多人。为了适应社区老同志的需求,在课程设置上,周素君事先进行了调查研究,充分听取居民意见,选择了大家最先希望学习的科普知识开课,如花卉护理、烹调、英语日常用语等课程。

通过花卉专业课学习,老年朋友初步掌握了家庭花卉的养殖技巧;通过烹调专业课学习,懂得科学膳食、增强体质、延年益寿的知识,使社区居民的饮食更科学合理。

大家说,科普大学免费给我们请来了知识渊博的专家和老师,不出社区大门,就能学到许多科普知识。

这座没有围墙的大学,圆了老年人的大学梦,使离退休人员真正老有所学、老有所为、老有所用、老有所乐。

顾麟捐《花鸟》

58岁的顾麟,是南通市开发区一家企业的退休职工。退休8年来,她深深感受到党和政府对老年人的关爱与呵护。虽然已近花甲之年,却时时不忘在有生之年回报国家,服务社会。

顾麟出身于书香门第。

抗战时期,顾麟的外公从事的是抗战教学工作,解放初期成为南通市统战部门首批"社会人士学习班"成员;顾麟出生后,外婆不仅舍弃了在南通女师毕业从教的机会,还割舍了为之倾注心血的刺绣工艺事业,一手拉扯顾麟长大。

而顾麟毕业于黄埔军校的父亲,因众所周知的原因在1949年初去了台湾。

直到1989年初,顾麟与母亲赴台探亲,全家才得以团聚。就在顾麟与母亲第一次赴台回通后,母亲便带领顾麟向社会进行了爱心捐赠。

民间艺术的分类

从创作者的角度看,民间艺术是以农民和手工业者为主体,以满足创作者自身需求或以补充家庭收入为目的、甚至以之为生计来源的手工艺术产品。从生产方式看,民间艺术是以一家一户为生产单位,以父传子、师带徒的方式世代传承的。从功能上看,它包括了侧重欣赏性和精神愉悦的民间美术作品,也包括了侧重实用性和使用功能的器物和装饰品。作品的题材和内容充分反映了民间社会大众的审美需求和心理需要,造型饱满粗犷,色彩鲜明浓郁,既美观实用,又具有求吉纳祥、趋利避害的精神功能。

家庭的耳濡目染，在顾麟心中萌发了将家藏刺绣无偿献给国家、留给社会的初衷。

2005年12月18日，作为一名侨眷，顾麟有幸参加了南通市侨联举办的"归侨侨眷看南通"活动，在博物苑的新馆展览厅内，她看到一张"南通女工传习所"学生毕业证书，由此马上联想到家中珍藏的那幅历时近百年的为南通女工传习所早期学员、外婆顾吕鸿在1915年创作的沈绣作品《花鸟》保存完好。

> **刺 绣**
>
> 刺绣是针线在织物上绣制的各种装饰图案的总称。就是用针将丝线或其他纤维、纱线以一定图案和色彩在绣料上穿刺，以缝迹构成花纹的装饰织物。它是用针和线把人的设计和制作添加在任何存在的织物上的一种艺术。刺绣是中国民间传统手工艺之一，在中国至少有二三千年历史。中国刺绣主要有苏绣、湘绣、蜀绣和粤绣四大门类。刺绣的技法有：错针绣、乱针绣、网绣、满地绣、锁丝、纳丝、纳锦、平金、影金、盘金、铺绒、刮绒、戳纱、洒线、挑花等等，刺绣的用途主要包括生活和艺术装饰，如服装、床上用品、台布、舞台、艺术品装饰。

顾麟当时心想，若将外婆的《花鸟》刺绣拿到博物苑配套收藏，岂不是更加完美了。想到此，她萌生了要将家藏刺绣捐赠给南通博物苑的念头。

参观后的第三天下午，顾麟便带着这幅由外婆留给母亲，母亲留给她的沈绣作品《花鸟》走进了南通博物苑……

第四节　300群众文艺团队

"我们演到哪里，掌声就响到哪里，别看我们是半路出家，上了台个个都是明星。"

年逾七旬的崇川民间艺术团团长钱吉华，带着姐妹们赶赴北京参加2010年全国中老年春节电视联欢晚会。

城山村农民合唱团、城东街道兰亭艺术团、虹桥街道木兰艺术团……目前，有300多支像崇川民间艺术团一样的群众文艺团队，活跃在主城区崇川。

他们一年演出超过1 500场次，平均每天就有近5场演出。群众当主角，人人来参与，共享家门口的文化盛宴，成为崇川区文化惠民的一大特色。

元旦前夕，四季风采靓崇川之"冬瑞颂歌"暨星级团队评比表彰专场演出在崇川区政府礼堂精彩上演。

来自崇川区10个街道的社区居民粉墨登场。坐在台下是观众，走上台来就是演员。台上台下歌声、掌声、笑声融成一片。

基层文化建设既要"送"更要"种"。为让群众文化真正回归群众，崇川制定出台了《业余文艺团队管理办法》，建立文化团队扶持基金，开展群众文艺骨干辅导员培训，并通过比赛、巡演等活动，让群众文化团队有更多展示机会。

后来区文化局又启动"团队建设年"活动，开展星级团队创评，把全区群众文化建设推向了一个新高潮。

"10年前，全区只有崇川民间艺术团一家群众文艺团队，可现在，每个街道每个社区都有文艺团队，雪球越滚越大，大家越唱越有劲！"区长葛玉琴说。

"机声隆隆，书声琅琅，歌声阵阵，蛙声呱呱……"观音山街道青青合唱队自成立以来，一直把歌颂家乡的歌曲《多美的南通多好的家》作为保留节目。

眼看着观音山的新变化，队员们又用自豪赞美的音符倾情演绎《观音山好风光》。

> **艺术的主要分类**
>
> 以艺术作品的内容特征为依据，可以将艺术分为表现艺术和再现艺术。表现艺术：音乐、舞蹈、建筑、书法；再现艺术：绘画、雕塑、戏剧、电影。

"南通美""心上亮着红绿灯""请到我们南通来""苏通大桥颂""2008，北京奥运"……从创卫到创文，再到北京奥运，新城桥街道易东社区说唱团先后创作了十多个南通方言快板和说唱，不断在各街道社区巡演，广受好评。

"春满大地""夏韵畅想""秋硕献礼""冬瑞

颁歌"……

2009年,配合全区项目建设,区委宣传部、区文化局组织演出队深入街道村居,展现全区四个文明新成就,其中的演员骨干全部来自街道社区的群众文艺团队。

区委书记吴旭说,喜闻乐见的群众文化活动,不但满足了百姓日益增长的精神文化需求,更发挥了先进文化凝心聚力作用,为崇川区营造了积极向上、奋发进取的社会氛围。

"种文化"极大激发了群众的文化创造力,也让崇川乃至南通的文化品牌越擦越亮。

一社区一特色,一街道一品牌。如今,崇川各个镇街都有一个叫得响文化品牌。

学田街道的"人文学田"和平桥街道的社区睦邻节、虹桥街道的"虹桥之夏"广场演出……个个喜闻乐见、家喻户晓。

在群众文化品牌活动的滋养下,一批"文化能人"脱颖而出,带领着群众文化团队,走出社区、走出崇川、走出南通,甚至走出国门,将江海文化在更广阔的领域发扬光大。

《南通好家园》

下通江海上通天

我家就在濠河边

濠河边

小楼窗前听春雨

大江东去好行船

好行船

南通好家园南通啊南通

我的好家园

雄心何止向南通

无限风光在眼前……

伴随着优美的旋律和歌声，身着地方特色服装的演员精心演绎着大型歌舞《南通好家园》，这是南通市新城桥街道侨友艺术团成员认真排练的场面，就是这首脍炙人口的《南通好家园》，曾在世界艺术的神圣殿堂——奥地利维也纳金色大厅唱响。

爱心存折

新城桥街道八厂社区是建于20世纪80年代的开放式老小区，随着社会老龄化步伐的加快与生活条件改善，人均寿命延长，社区居民也与全国各地大中城市一样，无例外呈现出老年人口比例多、鳏寡贫困和失能老人增加的特点。

根据国家财力，目前还不可能斥巨资兴建更多的敬老院、老年公寓，安排他们集中颐养天年，实行优质服务。所以居家养老将是多数企退职工老人的养老方式，如何既能更好地服务于社区的居民，解决老年居民生活中的实际困难，又能解决社区人手少，经费不足的现状，适应今天面临的新形势、新特点、新挑战，是放在每个"小巷总理"面前绕不过的一道试题。

八厂社区根据自身特点，有的放矢提出了"今天你送我一片关爱，明天将收获一缕阳光"的口号，得到不少辖区志愿者和爱心人士的拥趸与响应，"爱心存折"就在这样的背景下应运而生。

"爱心存折"的存储种类分为：爱心接力棒、爱心捐款捐物、公益

艺术的主要分类

以艺术形象存在方式为依据，可以将艺术区分为时间艺术、空间艺术和时空艺术。时间艺术：音乐、文学；空间艺术：建筑、雕塑、绘画；时空艺术：戏剧、影视、舞蹈。

服务三个类别。爱心接力棒是由社区的50~70岁的小老人组成志愿者,志愿服务对象为社区内需要关爱的70岁以上的老老人,形成"一对一"的结对帮扶。

社区为这些小老人发放爱心存折,并记载下每一笔服务的内容和时间。等到这些小老人随沧桑岁月更迭"演变"为老老人时,生活自理力不从心时,他们就是下批爱心存折服务的对象。就这样仿佛赛跑接力一样,新老交替,承上启下,薪火相传。

爱心捐款捐物是由居民自发的把钱或者家中闲置,但还有一定使用价值的物品,无偿地捐献给社区,由社区存入本人的爱心存折。再由社区把钱物送到需要的居民家中。捐赠的居民以后可以根据所需要支取等值的爱心物品。

公益服务是指有爱心的居民,无偿地为居民提供公益服务,比如:演出、讲课、公益劳动、义务巡防,等等。

他们存储的是奉献,利息就是温暖。社区也发给他们一本爱心存折。如果到时候他们遇到困难,社区干部将在力所能及范围内调剂爱心物资,以解他们的燃眉之急。

社区推出"爱心存折"后,掀起了一股争当爱心存折户主的暖流。大家有钱出钱,有力出力。

朱建英、施庭菊是八厂社区的第一批志愿者,和她们结对的是已经96岁高龄的空巢老人邹德明夫妇,老人有个头疼脑热,"三长两短",总是她们第一时间赶到,家里的电器坏了,水管子破了,这些日常琐事都是她们帮助迎刃而解。

如今,这对老龄夫妇已经住进了敬老院。朱建英和施庭菊还是经常去探视。

值得一提的是,今天的施庭菊也已是年

玩具艺术

玩具类的民间艺术包括泥玩具、陶瓷玩具、布玩具、及综合材料所制玩具等。传统玩具是指从古代流传下来的手工制作玩具,俗称"耍货"。它们与民俗关系密切,具有一定的传承历史。传统玩具的生产采取了一家一户的作坊式加工方法,成为世代相传的地方和家族手艺,其材料大多采用天然的泥、木、竹、石、布、面、金属、皮毛等等。

过七旬古稀老人，但是她说:"我是一名共产党员，乘着还年轻，手脚灵活，让我去帮助更多需要帮助的人，你们还是把我划入小老人的范围吧。"

社区年仅9岁的马董心月在妈妈的帮助下，为社区送来了她奶奶曾经用过的拐杖，社区及时地把这份凝聚小心月爱心的礼物送到了刚刚摔断腿的贫困户顾斌手中。当顾老接过这份沉甸甸的礼物，堂堂男儿感动得热泪盈眶。

钱吉华、蒋萍夫妇可是社区家喻户晓的明星夫妻，社区开展的每一个文体活动都会出现他们的活跃的身影，他们愉快地接受社区的邀请，无偿地为居民们献上了一场赏心悦目的视听盛宴，为市民们的生活增添了无穷乐趣。

"爱心存折"是社区对志愿者爱心回馈的一个重要载体。借用商业银行储蓄模式，将爱心投入与支取挂钩，其意义就是呼唤爱心传递，倡导社会文明新风尚。

切实地解决了社区一些老人，特别是一些空巢老人无人照料的局面，为一些家庭困难户解决了生活中的实际困难，丰富了居民的文化生活，为社区呈现安定祥和的局面奠定扎实基础。

由于社区人力财力都有限，没有专职人员在负责这一系列的事情。爱心存折发放的数量不能满足需求，使得这项公益活动显示出预期的成效有限。

在社会管理创新的推动下，八厂社区决定更好的延续爱心存折，充分发挥爱心存折的效应。

社区最近通过多渠道的宣传，广泛发动社区居民，让越来越多的居民成为志愿者。

其次,完善爱心存折的内容,扩大爱心存折的服务对象。让居民树立"人人为我,我为人人"的崇高思想,能够积极主动地使用好每一张爱心存折。

"赠人玫瑰,手留余香"。新城桥街道希望通过爱心传递,让平凡微小的事情,哪怕如同赠人一枝玫瑰般微不足道,但她带来的温暖会在赠花人和受赠者之间架起一座爱心桥,让爱心暖流在传递与互动中拉近人与人之间的距离,使我们社会更加温馨与和谐。

第二章　生命在高原怒放

　　胡忠，男，汉族，1968年生，四川新都人。1990年6月毕业于重庆师范学院化学系。2001年夏，胡忠辞去成都石室联中的教职，告别妻子和年幼的女儿，到四川省甘孜藏族自治州第一所全免费、寄宿制的民办公助福利学校康定县西康福利学校支教，当了一名志愿者。此后的胡忠，拿着每月300元的生活费，开始了照顾学校143名学生的生涯。这些学生来自甘孜州12个县，主要以藏、汉、彝、羌四个民族为主，几乎全是孤儿。2012年2月，入选"感动中国·2011年度人物"。

第一节　"高义薄云"的志愿者

人物简介

　　在去藏区支教前，胡忠、谢晓君夫妇都是成都中学的老师。2000年，胡忠在晚报上看了一篇关于甘孜州康定县塔公乡一所孤儿学校急需老师的报道，动了支教的年头。他带着妻子到当地考察后，两人为当地的艰苦状况震惊。

　　胡忠下定了决心，妻子支持他的决定。这时候，他们的女儿刚刚出生不久。

　　孤儿学校处在海拔3 800米的康定县塔公乡，是一所福利性质的民办公助寄宿制学校。

这里是甘孜州13个县的汉、藏、彝、羌四个民族143名孤儿的校园，也是他们完全意义上的家。

胡忠以志愿者身份来到塔公乡，三百多元生活补助是他每月的报酬。

2003年，在丈夫的召唤下，妻子带着三岁的女儿也来到这里支教。

> **志愿者精神**
>
> "志愿精神的核心是服务、团结的理想和共同使这个世界变得更加美好的信念。从这个意义上说，志愿精神是联合国精神的最终体现。"这句话指出了志愿精神的本质，表达了人们对志愿服务的由衷赞美。志愿服务的精神概括起来是：奉献、友爱、互助、进步。

谢晓君弹得一手好钢琴，可学校最需要的却不是音乐老师。生物老师、数学老师、图书管理员和生活老师，三年时间里，谢晓君尝试了四种角色位置，顶替离开了的志愿者和支教老师。

2006年，8月，一座位置更偏远、条件更艰苦的学校"木雅祖庆"创办了，她主动前往当起了藏族娃娃们的老师、家长甚至是保姆。后来，她甚至把工作关系转到康定县，并表示"一辈子待在这儿。"

人物履历

1986年9月至1990年6月，在重庆师范学院化学系学习；

1990年7月至2001年7月，在成都石室联中（原成都市十中）任化学教师；

2000年8月至今，在四川省康定县西康福利学校任教。

2012年2月，入选"感动中国·2011年度人物"，获称号"高义薄云"。

人物言论

一个教师，如果你想做，到哪里都是教书，在哪里都是育人。我乐意成为这种老师，因为在我看来，把自己懂的、会的一些东西，尽可能地教给学生，并让这些东西为他们的生活带来希望、增添快乐，那是最快乐的事。

我将继续和我的同事们一道，肩负起一百多个高原农牧区特殊孩

子成才的责任,没有谁要求我们去做,但我们会倾尽所能,为孩子们付出,帮助他们成长。我将更认真地去工作,把我的每一天都给孩子,高原的孩子。

我来高原的理由其实十分简单,就为了把那群孩子教出来,这种想法一直没变。

在我心里,一个学师范的,到哪里都是教书,教谁都是一样。城里并不是我不愿待,而是因为城里不缺我,而高原却真的需要老师,以至于我能在这里找到用武之地。

至于收获,我只能说,十多年里,我实实在在地为这里的孩子做了些事,实实在在地为这里的教育帮了点忙,并由此感悟到一些东西,比如"责任是什么,教育是什么,教师是什么",仿佛概念更清晰了。""在高原上这么多年,支撑我走到现在的是爱心。

我在这里支教已经12年,从小学入学到高中毕业正好12年,我刚好完完整整地带完一轮。

我还要再规划4年,等到出去上大学的孩子们毕业归来,等有更新鲜的力量补充进我们的学校!

"我会继续,以更多的形式来支持这里的教育。或许我一辈子都不会离开孩子们!"

胡忠对孩子们的看法:"这些孩子才是我心目中最重要的,我说的话,我跟他们承诺的,我哪怕死了我必须要兑现。"

当孩子不认真学习的时候:"我抛弃一切到这里来,我把我的老婆孩子带来,我曾经这样说过一句话,这个门进来一个强盗,他拿着刀要捅你们的时候,第一个为你们挡刀的绝对是我,当你们不听话的时候,我跪下来求过你们,求你们听我的话,我们虽然是无依无靠的孩子,但是我们是脚踩在地上的人。"

感动中国

感动中国人物介绍短片:他把自己身心的所有能量,都一点一滴地化作了关爱,传递给了这些缺少亲情的孤儿,胡忠和谢晓君夫妇,他们用自己人生中最为美好的12年时光在塔菲草原陪伴着这些孤儿们长大成人,他们改变着孩子们的命运孩子们也成就了他们的赤诚。

回答主持人关于"志愿者工资每月300,这怎么能够长久支撑着呢"的问题时:"我觉得是靠一种信念,作为教师来说,到今天为止,我觉得是非常非常有意义的,那么这种意义超越了内心对所有物质条件,包括刚才说到的,三百块钱的生活费,当自己内心有了一种工作的快乐,对孩子的付出,自己感受到了真实的一种满足,我觉得胜过世界上一切的物质享受,我真的是这样想的。"

第二节　雪域支教12年

2000年,曾任职成都石室联中的胡忠到甘孜康定塔公乡西康福利学校支教。

3年后,妻子谢晓君辞去公职,抱着3岁的女儿也来到这里,在更偏远的"木雅祖庆"学校任教。

为了不让当地的孩子们伤心,胡忠夫妇在高原一留就是12年。

塔公草原距离成都约500公里,海拔3800米,每到冬季这里寒冷干燥,风如刀割……

他们,为雪域高原上的孤儿们撑起一个温暖的家。12年来,他们也曾犹豫,但却不曾后悔。

女儿不搞特殊,在学校不能叫"妈妈"。

胡忠夫妇说,除了家中的老人,他们最愧疚的就是女儿胡文吉。胡文吉3岁跟母亲到塔公,如今,12岁的她是木雅祖庆初一一班的学生。6岁时,作为这所寄宿制学校的第一届学生,小文吉一个人来到这里上一年级。

感动中国颁奖词

"感动中国"组委会:他们带上年幼的孩子,是为了更多的孩子。他们放下苍老的父母,是为了成为最好的父母。不是绝情,是极致的深情;不是冲动,是不悔的抉择。他们是高原上怒放的并蒂雪莲。

"冬天洗衣服,手被冻得又红又肿。"胡文吉说,那半年,她每天晚上都躲在被窝里哭。

半年后,谢晓君才正式调到木雅祖庆担任

生活老师。

但胡文吉却没有得到特殊照顾，她跟同学们同吃同住，不能擅自到办公室找妈妈，只能叫妈妈为谢老师。

"班上有同学是孤儿，如果我叫妈妈，他们听到就会很伤心。"就这样，只有在放假期间，一家人聚在一起的时候，胡文吉才能叫上一声"妈妈"。

68岁的母亲的85岁的外婆都支持他们。

> **什么是支教**
>
> 支教是指支援落后地区乡镇中小学校教育和教学管理工作。全国大学生志愿服务西部计划是由共青团中央、教育部、财政部、人事部共同组织实施，从2003年开始，按照公开招募、自愿报名、组织选拔、集中派遣的方式，每年招募一定数量的普通高等学校(以下简称"高校")应届毕业生，到西部贫困县的乡镇从事为期 1～2 年的教育、卫生、农技、扶贫以及青年中心建设和管理等方面的志愿服务工作。志愿者服务期满后，鼓励其扎根基层，或者自主择业和流动就业。

两位白发苍苍的老人互相搀扶着，颤颤巍巍地在菜市场买菜。在昨晚播出的"感动中国·2011年年度人物"颁奖典礼上，出现了这样一个镜头，这两位老人，便是胡忠的外婆和母亲，外婆今年85岁，母亲68岁。当看到镜头中的两位老人时，胡忠的眼泪喷涌而出。

在学校，胡忠一直教孩子们要孝顺，但遗憾的是他却不能陪在两位老人身边尽孝。

从2000年来到西康福利学校，12年间，胡忠只回过5次家。胡忠说，这辈子，他最亏欠的就是两位老人，但是，为了这群更需要他的孩子，他只能这样，"外婆有舅舅照顾，母亲有姐姐照顾。他们都很支持我的选择。"

"当师德在这个物欲横流的时代逐渐成为稀有时，你们用最纯朴的行动告诉世人，教育的本质是让更多的学生得到温暖的爱，通过教育成为一个大写的人。"

2月3日，四川教师夫妇胡忠、谢晓君坚守雪域高原支教12年，当选为感动中国2011年度人物后，各大媒体纷纷对两人的事迹进行报道，引发广大网友们的持续关注，他们纷纷在网上留言表示敬意。

面对荣誉，胡忠、谢晓君夫妇谦虚地说："我们只是平凡人，做的也是很平凡的事情，不值得大家这样追捧。"

一次旅行改变一生

2000年，成都市石室联合中学化学教师胡忠和音乐教师谢晓君夫妇的女儿出生了。

孩子8个月了，胡忠对妻子说，国庆大假我们去甘孜塔公草原旅游吧，也好给孩子断奶。

一路上，谢晓君被塔公草原美丽的景色所倾倒，但更触动她内心的是，在塔公乡的西康福利学校，谢晓君看到了众多孤儿渴求知识的双眼。

回来的路上，两口子没怎么说话。后来，丈夫胡忠告诉妻子自己哭了一路。

和妻子商量以后，胡忠向学校交了辞职信就去西康福利学校任教了。虽然孩子还不到1岁，但谢晓君选择了无条件支持丈夫，"当时也没考虑什么，只觉得那些孤儿太可怜了，他们需要老师啊。"

西康福利学校是甘孜州第一所全免费、寄宿制的民办福利学校，胡忠以志愿者身份到学校当了一名数学老师。而那以后，谢晓君的所有假期都在西康福利学校度过的。她为孩子们排练节目，教唱歌、舞蹈，教汉语，时间长了。藏区像一块磁石一样吸引着谢晓君，她和孩子们的感情越来越深。

回到成都的日子里，那些孩子们纯净的眼神常常让谢晓君魂牵梦绕、难以割舍。她产生了无比强烈的愿望：到塔公去。

音乐教师艰难转型

2003年，成都市教育局选拔一批教师到甘孜州支教，谢晓君立即递交

了申请，最终如愿以偿到了西康福利学校。

第一年，她担任的是音乐老师、自然老师、图书管理员和生活老师。这是一次艰难的转型，在成都最好中学担任专职音乐教师的谢晓君开始硬着头皮学做实验，学图书管理，学做"妈妈"。

在家从未踩过缝纫机的她学着在缝纫机上给孩子们做鞋垫。一双鞋垫她要做半天，但当看到孩子们拿到鞋垫时欣喜的眼神，谢晓君感到由衷的快乐，于是为孩子们做了几十双鞋垫。

刚到塔公的那个冬天，停了一个月的电，连开水也没得喝，谢晓君感到前所未有的冷。

她学着用炉子烧开水，"我不会烧炉子，一个藏族老师就帮我烧，她端着炉子在操场上跑，说这样有风。哈哈……很辛苦地把开水烧好了。哎哟！我第一次发现原来喝开水也那么幸福啊！"

一年过去了，学校让谢晓君担任四年级的班主任并任教四年级和一年级的语文。

学校缺乏教参，谢晓君让妈妈从成都买来很多语文教学配套参考书，认真备课、负责地教这些不会说汉语的藏族娃娃。第二年，谢晓君又主动向石室联中提出继续支教的申请，并连续支教了3年。这3年中，她连续两年被西康福利学校授予"优秀教师"称号。

调进甘孜永远留下来

2006年8月，谢晓君支教期满，石室联中给她安排了初一(7)班的班主任和初一年级14个班的音乐课。在孤儿们的泪光中，谢晓君离开了耕耘3年的福利学校。

回到成都的谢晓君重新过上了都市人的生活，再也没有停电和寒冷的困扰，再也没有繁重的课时量。

支教的准备

激发孩子们的学习热情和奋起的精神，为他们的心灵打开一扇通向外界的窗口。其实，教育不应是一桶水，应该是一把火，一把点燃孩子心灵的火。教会孩子们懂得自强自信自爱，比传授那些具体知识重要得多。

但她内心常常涌动的却是一种歉疚和失落，"我眼前常常浮现藏区孩子们期待的双眼。我是享受到了好的生活，可是那些孤儿呢？因为我的离开，他们又重新从希望之巅跌到了谷底。"

经过与亲人反复协商后，谢晓君作出了调进甘孜州的决定。2007年2月，谢晓君将工作关系调入康定，成为康定县塔公乡木雅祖庆学校的一名汉语教师。

"对这一重大决定，我至今没有任何遗憾和失落。相反，我的内心拥有了从未有过的满足和幸福。我坚信我在履行一名教师应尽的职责！"谢晓君说。

2007年春季，谢晓君作为康定县的公办教师来到新建的塔公乡木雅祖庆学校，教两个班汉语兼任学校大队辅导员。

她把7岁女儿也带来读书，自己住教师宿舍，女儿住学生宿舍。女儿在学校喊她"老师"，"我的女儿和学生是一样的，

> **胡忠语录**
>
> 回答主持人关于"志愿者工资每月300，这怎么能够长久支撑着呢"问题时："我觉得是靠一种信念，作为教师来说，到今天为止，我觉得是非常非常有意义的，那么这种意义超越了，(顿)可以说是超越了内心对所有物质条件，包括刚才说到的，三百块钱的生活(费)，当自己内心有了一种工作的快乐，对孩子的付出，自己感受到了真实的一种满足，我觉得胜过世界上一切的物质享受，我真的是这样想的。"

学生就是我的孩子。"她说。

无怨无悔把爱延续下去

这期间，胡忠一直在西康福利学校默默工作着，他先后担任过3个年级的班主任、男生生活老师、全校思想品德老师，从教务主任、后勤主任直至升任校长。

12年间，胡忠仅回过5次家，和妻子也只能两三个星期见一次面。

在学校，143个孤儿都叫胡忠"阿爸"。12年中，胡忠不仅教会了他们知识，给了他们一个家，还以自己的经历感染着这些孩子。

毕业的学生中，44人考上了大学，10多个孩子已经跟胡忠约好，毕业

后回到藏区工作。

今天的西康福利学校占地50多亩，篮球场、教学楼等一应俱全。木雅祖庆学校也从最初的600名学生发展到了1650名，校舍从4间板房变为面积超过9000平方米的现代化楼房。

如今，作为校长的胡忠，身份却仍是志愿者。长年的高原生活，谢晓君落下了背痛的顽疾，而刚刚40岁出头的胡忠已是满头银丝。

获评感动中国人物后，成都市教育局表示将尽快解决胡忠的公办教师身份。

"爱心是幸福的源泉。我们相信，爱心会传递下去，力量会越来越强，甚至可以改变一个地区的命运。"

获评感动中国人物后，胡忠和谢晓君动情地说，他们会继续坚守在高原，把这份爱延续下去。

> **支教的条件及保障**
>
> 　　根据政策规定，2007年被教育部直属的6所师范大学录取的所有师范专业学生，必须与学校签订基层支教协议。比如陕西师范大学就出台配套政策：2007年的师范专业新生在享受免费的同时，有义务到国家约定的西部农村中小学任教3年。学生支教期间，可通过寒暑假回学校读教育硕士研究生，支教期间便可拿到硕士文凭，也可在支教结束后继续深造；支教结束后，国家会提供专场招聘会，让毕业生选择自己的去向；另外，国家还考虑到了毕业生支教时的住房、结婚、生子等问题，也会陆续有相应的政策出台。

夫妇俩携女儿支教

昨日下午3时，青羊区教育局学术报告厅，坐着400余名老师。当曾经的同事、刚当选"感动中国十大人物"的胡忠、谢晓君夫妇步入会场时，他们全部起身鼓掌欢迎。

步上讲台，谢晓君讲述了她和丈夫支教背后的故事。

谢晓君说，从小，父母就教导她要做一个对社会对他人有用的人。1995年，弹得一手好钢琴的她获得四川音乐学院优秀毕业生称号，也顺利成为石室联中的一名音乐教师。在这里，她结识了丈夫胡忠。

2003年，丈夫胡忠看到一则"百名孤儿盼老师"的新闻，说是在甘孜塔公草原上有一所孤儿学校，那里急需老师，于是决心辞职去这所学校义务支教。

随后,谢晓君也携着3岁的女儿,追随丈夫成为这所孤儿学校的老师。

从名校老师到高原山村的一个福利学校老师,谢晓君忙得晕头转向。不仅要教音乐,还要做图书管理员,教生物等知识,此外,她还要当起这些孤儿的妈妈。

"刚进高原时,我还比较爱美。渐渐地就被周围的环境所同化,我不惧高原的风沙,即便它铺天盖地,最多只用手掸一掸……"谢晓君讲述支教生活时说,学校不缺水,但洗澡却很困难。

要洗澡只能提水到板房宿舍里解决问题,三个月洗一次算正常,一个月洗一次叫奢侈。"工作很繁杂,每天很晚才能休息。忙完一天的工作,坐在床上端着一杯热茶觉得是最惬意的事情了。"

谢晓君回忆说,有一天晚上实在太困了,端着一杯热茶坐在床上还没喝,人就睡着了,醒过来的时候已经是第二天凌晨6点钟了,而手中的茶水则洒在床单上。

举着输液瓶讲课

"山村孩子对老师的渴望和眷恋之情,是因为他们失去太多老师而产生的。就拿我自己的班级来说,三门功课中,数学最差,那是因为从一年级到六年级学期,数学老师就换了十个。"

谢晓君说,每看到一个老师走,孩子就会伤心地哭泣,并对自己的学业产生放弃之念。

上学期,谢晓君的胃病犯了,加上背疼,她躺在医务室输了两天的液。孩子们来看她,显得欲言却止。后来她得知,前一天中午,数学老师走了,孩子们痛哭流涕。

当时,谢老师"腾"地翻身从病床上坐了起来,对孩子们说:"走!帮我提着输液瓶!我们全班进教室,没有数学老师,我来上语文。"

就这样,谢晓君带着输液瓶上了一个中午的课,直到血倒流到输液管,无法再继续……

胡忠语录

胡忠对孩子们的看法:"这些孩子才是我心目中最重要的,我说的话,我跟他们承诺的,我哪怕死了我必须要兑现。"

第三节 "感动中国"的胡忠、谢晓君夫妇

社会评价

2011年9月9日,《四川日报》第13版以《你在高原播种希望的格桑花》为题,报道胡忠、谢晓君夫妇支教的先进事迹。

2012年2月4日,《四川日报》第1版以《他们是高原上怒放的并蒂雪莲》为题,报道胡忠、谢晓君夫妇入选央视"感动中国·2011年度人物"。

2012年2月4日,《成都日报》第1版、第3版以《成都"并蒂雪莲"感动中国》为题,报道胡忠、谢晓君夫妇入选央视"感动中国·2011年度人物"。

2012年2月5日,《成都日报》第2版以《帮点忙没想到这一帮就是12年》为题,报道胡忠、谢晓君夫妇高原支教的故事。

2012年2月6日,《成都日报》第7版以《扎根高原,守在孩子们身边,把大家的关爱汇成更多的力量》为题,报道胡忠、谢晓君夫妇高原支教的故事。

2012年2月9日,《华西都市报》第4版以《胡忠谢晓君夫妇在石室联中开学典礼讲述支教故事:"付出爱心越多,得到越多"》为题,报道胡忠、谢晓君夫妇高原支教的故事。

成都石室联中黄艳灵老师:"我为拥有这样的同事而自豪,我认识他们十多年了,他们的精神鼓励我,对每一个孩子要有耐心、爱心。"

学生评价

今日,我通过2012国培计划,再次观看了2011年度"感动中国人物"中雪域高原的支教者——胡忠、谢晓君夫妇的先进事迹,深受感动。

我始终认为生活在最底层却依然竭尽全力地去帮助别人的人才是最可敬的人,他们的爱才是真正意义上的大爱。

胡忠谢晓君夫妇,他们放弃城市优越的条件,带上年幼的孩子,放下年迈的父母,远赴藏族山区,为山区的孤儿带去精神食粮。他们用生命提携孤儿的成长,他们是高原上怒放的并蒂雪莲——胡忠、谢晓君。在这个物质生活极度繁盛的年代,他们依然坚守信念。

虽然自己过着清贫的生活,上有年迈的母亲和外婆需要照顾,下有嗷嗷待哺的儿女需要抚育,但他们放下这一切,竭尽全力帮助山区孤儿,这不是绝情,是极致的深情;这不是冲动,是不悔的抉择。羊肉串对于我们每个人来说并不陌生,但是有这样一个人,他用羊肉串给贫困孩子撑起了一片天,用烤羊肉串的火点燃了一百多个孩子上学的梦想。

生活最困难的时候他把每天的生活费限制在一元钱,晚上住一元钱的大通铺。

在八年里,卖出了三十万串羊肉串,辛辛苦苦积攒的十几万先后资助了一百六十多名贫困生。

在他们身上有一个共同点那就是有爱心有信念的活着,自己一贫如洗,却还竭尽全力帮助他人,这是一种真正意义上的大爱。

同样作为一名教育工作者,胡忠、谢晓君夫妇的感动事迹使我产生无穷的力量和奋进的动力,在以后的教育事业中,我将化感动为力量,以他们为学习的楷

胡忠语录

当孩子不认真学习的时候:"我抛弃一切到这里来,我把我的老婆孩子带来,我曾经这样说过一句话,这个门进来一个强盗,他拿着刀要捅你们的时候,第一个为你们挡刀的绝对是我,当你们不听话的时候,我跪下来求过你们,求你们听我的话,我们虽然是无依无靠的孩子,但是我们是脚踩在地上的人(跺脚)。"

模,我也将从自身做起,从一件件小事做起。我相信如果人人都能认真履行好自己的职责,我相信每个平凡的人都能像胡忠、谢晓君夫妇那样为这个社会贡献不平凡的力量。

我们都在细小处体会到伟大的人格,"草根"情结应该是我们共同所珍藏的,小人物的力量虽然微小,但是给全社会带来的一种示范却是影响深远的。

能感动他人的人,是高尚的;懂得感动的人,是幸福的。学习他人的无私,传递爱的宣言,践行爱的承诺,奉献自己的力量,让爱充满人间,让感动长存人间。

第三章　感动社会的谭双剑

　　谭双剑，男，汉族，中国共产党党员，初中学历，1979年9月出生于河北省邯郸市馆陶县。作为一名农民工，谭双剑通过自己坚持不懈的努力和学习，凭借自己不怕吃苦、勇于挑战的拼搏精神，从一名普通的农民工逐渐成为一名优秀的新生代农民工。他靠着积极向上的工作热情和扎实工作、不甘落后的工作作风。自2004年起的他，通过自身努力和实际行动获得多个奖项，成为家乡父老的骄傲，同时得到了社会各界的认可。

第一节　不怕吃苦的谭双剑

自强不息，勇于实践

　　谭双剑不断努力加强自身学习并提高工作技能，无论面对多大的困难和挫折都无法磨灭他在城市打工的意志。

　　1996年，17岁的他来到上海时身无分文，他无依无靠在上海打拼数月，遭受的是无数白眼和冷遇，这对于一个未成年的农村孩子来说是一次重大的打击。

　　返乡后，他并不甘心失败，1997年他只带了80元钱只身进京，陌生的城市，初中的文化水平使他遇到了无数次的拒绝，无奈之下他只能靠捡废品、睡桥洞为生。

　　当他几近绝望、身上仅剩5角钱时，终于在香山脚下的一个建筑工地上谋得一份工作,并成为一名电工。通过努力,1998年他拥有了一支自己的施工队。

勤于学习,坚持梦想

2002年,他正式加入到北京北安时代电梯安装工程有限公司。可他并没有因为暂时的衣食无忧而停滞不前。无论担任何职,都虚心向前辈学习,重视知识的积累和技能的创新。

他充分利用业余时间和工作锻炼的机会,不断提升自身的素质和技能本领。几年下来,他考取了工长证、经理证和高级工程师证。随之承接的工程也逐渐增大,国家外交部、国家商务部、东方广场、北京朝阳区大望路现代城、蓝堡大厦等工地都留下了他辛勤劳动的身影。

其中参建的三元桥远洋新干线、崇文区友谊医院、励骏大酒店等工程还获得了优质奖项。

2004年底,他以自身的实力竞标成功,包揽到了国家体育场(鸟巢)1/3的防雷接地和预留预埋工程,为这个举世瞩目的工程添加了不可或缺的一笔。

工程于2007年底顺利完工。2008年3月3日晚鸟巢全面试灯的那一刻,他流下了欣慰和自豪的泪水。

热心公益,回报社会

谭双剑在打拼中始终不忘在穷困中挣扎的父老乡亲。

2004年家乡修路遇到资金难题,谭双剑第一个带头捐资;2008年新春到来之际为同村的所有乡亲送去了从来没有吃过的"北京烤鸭"和节日祝福,为让村里的困难群众欢乐过节,他为16户困难户送去了慰问金;并且支付了当年春节期间全村路灯照明费用。

近几年国家自然灾害多发,谭双剑2007向年南方雪灾伸出援助之手;

还为汶川地震、青海玉树地震、甘肃舟曲泥石流等灾区多次捐款；多年来他还为经各种媒体报道的困难群众捐款捐物，他一直秉承对公益事业的热爱和乐于奉献的精神，从未停止过对别人的热心帮助。

2009年2月获得了中国国际慈善基金会授予的"慈善中华行杰出形象大使"的荣誉称号并荣获"慈善中华行杰出贡献奖"。

2009年7月参加"中国爱心城市发现之旅"活动，并且成为此次活动的慈善形象大使，于9月18日在合肥作了闭幕汇报。

2009年7月，在河北卫视农民频道，为"河北十大热心肠人物"颁奖，并且向全国人民关注的孤儿"小美发"捐款慰问。

2009年9月被"中国宋庆龄慈善基金会"授予"慈善形象奖"。

2010年3月，受邀拍摄中国商务部农民工出国务工公益宣传片，为出国务工市场指引更为正规的方向。并在央视及各省卫视和全国各地方卫视滚动播出，同时得到国家领导及社会好评。

2010年4月在北京饭店，代表全国农民工参加了由"中华社会救助基金会"主办的"幸福列车——仁爱之夜"活动，接载全国的留守儿童与父母团聚，并现场捐款。

鸟巢

体育场由雅克·赫尔佐格、德梅隆、艾未未以及李兴刚等设计，形态如同孕育生命的"巢"和摇篮，寄托着人类对未来的希望。设计者们对这个场馆没有做任何多余的处理，把结构暴露在外，因而自然形成了建筑的外观。2003年12月24日开工建设，2008年3月完工，总造价22.67亿元。作为国家标志性建筑，2008年奥运会主体育场，国家体育场结构特点十分显著。体育场为特级体育建筑，大型体育场馆。主体结构设计使用年限100年，耐火等级为一级，抗震设防裂度8度，地下工程防水等级1级。

2010年6月20日被"第四届国际公益慈善论坛暨佛教慈善论坛"在人民大会堂授予"国际公益楷模奖"、"国际公益名人奖"。

2011年1月15日在人民大会堂被中国宋庆龄慈善基金会授予"环球慈善人物奖"。

2012年2月春节期间走访慰问贫困户活动，并为30户贫困户及孤寡老人、残疾人、孤儿送去了节日慰问品。

2012年4月参加由河北省驻京团工委在保定举行的"南庄小学教材捐赠仪式"。

2012年6月9日在人民大会堂参加"第六届国际公益慈善论坛"暨中国公益慈善奖表彰大会，并被授予"慈善名人奖"。

第二节　坎坷的奋斗历程

闯荡天下屡失败

说起自己的传奇经历，谭双剑显得很平静，他说："我只是一个普通的农民工，我的成功缘自我倔强的性格和千百倍的努力。"

谭双剑出生在邯郸市馆陶县宋尔庄村一个贫穷的农民家庭。因家境贫寒，他初一没读完便不得不辍学到镇里打工谋生。

17岁时，他只身独闯上海滩，在上海打拼的几个月里，谭双剑在码头扛麻袋，却因老板克扣工钱，最终无功而返。

不甘心失败的他，又把打工的目光投向了北京，这次，他只带了80元钱就扛上铺盖卷上路了。"80元钱只够我到北京的路费和头一两天的生活费。钱带多了会有依赖，我必须给自己压力。"谭双剑铁了心要背水一战。

然而，现实总是给谭双剑无情的打击。因为没有学历，又是外地人，谭双剑找工作屡屡碰壁。

他只能靠捡破烂、睡桥洞为生。最后，谭双剑身上只剩下五角钱，靠这五角钱，他随意坐上了开往香山的公交车，而这次误打误撞，却改变了他的命运。

"我什么都不会，但是我有力气，能吃苦。"谭双剑的诚恳打动了包工头，就这样，在香山的一个建筑工地上，出现了"小工"谭双剑跑前跑后的身影。

就像谭双剑对包工头说的那样，勤快是他的本色，也是后来他成功的秘诀之一。

刚到工地的时候,他总是抢着干脏活累活,有一次,在施工中要爬梯子往高处铺设电缆,因为要不停爬上爬下,别的小工不愿意干,谭双剑见状说:"我上。"在电工师傅的指点下,工作很快干完了,可谭双剑却平静不下来。

"我不能总是干小工,总得学点手艺。"想到白天工作时的情景,谭双剑决定学电工。

师傅不愿意教,他就想尽办法偷着学。"师傅干活的时候,我在一旁认真地看,有什么脏活累活我都抢着帮师傅干,师傅说的话我都认真记下来。"

晚上,别人都休息了,可谭双剑却不闲着,要么研究线路图,要么练习电气焊之类的技术。

久而久之,师傅被谭双剑的执著打动了,谭双剑开始了他的电工生涯。火线、地线、零线、总闸、电门。一来二去,他越来越上手,赶上春节、麦收人手紧时,他就被当大工使。

勤快豪爽是本色

除了勤快,朴实、豪爽的性格则是谭双剑成功的另一大法宝。

一次,谭双剑正在工地上干活,正好赶上别的工地来"借人"。"一般大家都不愿意被借走。"谭双剑说,别的工地来借人,往往是为了赶工期,被借走的人干的活多不说,还不多挣钱。可看着那个包工头火急火燎的样子,谭双剑再次拍着胸脯站了出来。

"那是要给一间变电室铺设线路,一共7个人,一周之内要把活干完。"

谭双剑说,由于工作量太大了,当天就有3个人离开,第二天领头的也不干了。只剩下3个人,却要在规定时间内干完7个人的活。

谭双剑耐心地说服大家:"咱们来帮忙,就是为了解人家的燃眉之急,既然帮就要帮到底,要不对不起咱自己的良心。"

就这样,在谭双剑的劝说下,那7天7夜他们几个吃住都在变电室,一周后,变电室顺利通电。

出色的工作获得了该建筑公司老板的认可,特别是当他得知谭双剑是从别的工地借来的时候,惊讶极了。老板要奖励他2000元钱,谭双剑却拒绝了,"我是来帮忙的,我只拿我应得的工资,不是我该得的我不能要。"谭双剑恳切的言辞再次打动了老板,老板给了他一个呼机,告诉他,"以后有活我会找你的"。

20天后,呼机响了,老板给谭双剑介绍了一个小活儿,谭双剑招呼了五六个工友一同前往。

完工后,老板给了1万元钱,谭双剑一分没要,而是让兄弟们分了。后来老板得知此事后,又单独给了他2000元,可谭双剑还是跟大伙一块分了。"要是没有弟兄们帮衬着,我什么也干不成,钱,我不能独吞。"正是这豪爽的性格,让这些人死心塌地跟着谭双剑,也正是在这一年,谭双剑拥有了自己的施工队。

实现梦想

"可能对于你们来说,鸟巢象征着荣誉、自豪,对我,则别有一种情感。"谭双剑说。

原来,早在2004年底,举世瞩目的浩大工程——北京2008年奥运会主场馆"鸟巢"各项工程开始招标,竞标者以数十万计。

谭双剑想:我一个农民工,如果有机会为奥运工程做点贡献,那可真是一辈子的荣幸!

人们常说,机会总是留给有准备的人。早在2002年,他就结束了"游击队"的生涯，正式加入到北京北安时代电梯安装有限公司。考虑到自己知识不足，他业余时间忙着"充电"。

几年下来，他先后拿到了项目经理证、工长证、工程师证。工程越接越大，其中，一些工程还得了优质奖项。

有着这样的根基，决战鸟巢，他占据了天时地利人和。在一轮轮竞标中，他过五关斩六将，最终顺利签下了"鸟巢"1/3（约8万平方米）的防雷接地工程合同。

在鸟巢，他一干就是三年多。期间，因为鸟巢的总设计图不断修改，导致谭双剑负责的电力部分也要随之改来改去。

因为工期短，任务重，就连母亲病重，他都没能床前尽孝，而当鸟巢的工作稍稍告一段落，谭双剑连夜赶回老家时，母亲已经病危，最终没能睁开眼睛再看他一眼。

强忍着悲痛，谭双剑回到北京，回到鸟巢工地，又一头扑在图纸上。2007年底，他承揽的工程胜利完工。

2008年初，鸟巢全面试灯。那晚，他站在鸟巢前，心随着鸟巢一起闪亮，一种从未有过的自豪感涌上心头。不经意间，他发现，自己已经泪流满面……

努力付出就能成功

一个偶然的机会，导演江小鱼听说了谭双剑的故事，经过和谭双剑接触，江小鱼决定以谭双剑在北京打拼奋斗史为原型，拍摄一部一个农民工通过自己的艰苦奋斗，从默默无闻到一名"鸟巢"建设者的电影，电影就叫《梦想就在身边》。

2009年5月14日上午，中国首部面向亿万农民工的励志电影《梦想就

在身边》在馆陶举行开机仪式，而谭双剑则担纲该影片的"男一号"。

电影获得了很高的评价，谭双剑成功了。

面对雪片般飞来的鲜花和荣誉，他不为所动，而是默默地为家乡修路架桥建学校。

第三节　感动社会

2008年，江小鱼导演以谭双剑十年打工奋斗史为故事原型拍摄了中国第一部全景式呈现中国农民工生存现状、农民工奋斗史的励志电影《梦想就在身边》。

2008年12月27日，以《梦想就在身边》在国家体育场（鸟巢）举行了新闻发布会。当很多媒体都戏称谭双剑是第二个王宝强时，他憨厚地说："我只希望我的形象出现在荧屏上能给亿万农民工兄弟以激励，我真正的战场还是在一个个重点工地上，愿为社会发展与城市建设奉献自己的力量"。

2009年5月14日上午，共有中央电视台、北京电视台、河北电视台、邯郸电视台；东南卫视、凤凰卫视、广东卫视、浙江卫视、湖南卫视、山东卫视；人民日报、光明日报、北京青年报、河北日报、燕赵都市报、燕赵晚报、羊城晚报；优酷网、新浪网、百度等知名媒体在内的全国50多家媒体记者齐聚邯郸市馆陶县，参加电影《梦想就在身边》在馆陶举行的开机仪式并进行相关的报道，得到党中央国务院、北京市委市政府、河北省各级领导、邯郸市各级领导，馆陶县各级领导，北京建工集团、北安集团公司、邯郸一建等各界领导和朋友的关注与支持。

2010年5月27日《梦想就在身边》在邯郸市放映，邯郸市委书记崔江水、原邯郸市长（现任邯郸市市委书记）郭大建、邯郸市委副书记回建等领导接见全体剧组人员和新生代农民工谭双剑并带来对农民工的关爱和鼓励。

2010年8月7日《梦想就在身边》在北京中华世纪坛放映,时任北京市委副书记、市长郭金龙,原北京市委常委宣传部长、副市长(现任国家广电总局局长)蔡赴朝等领导受温总理委派接见全体剧组人员和新生代农民工谭双剑,并带来温家宝总理对农民工的问候和勉励。

在2010年11月15日,谭双剑和电影《梦想就在身边》受邀参加在人民大会堂由国务院、中宣部、国家广电总局主办的"全国农民工文化送温暖行动"活动。主办方将电影《梦想就在身边》拷贝发放到各省、市并组织观看。

2012年5月应邀参加拍摄以谭双剑本人为背景,真实展现在京农民工生活现状,诠释"北京精神"的励志电影《我是北京人》,在片中出演男一号,该片受到国家重要领导的支持和鼓励。

电视节目,综艺活动

2008年4月23日,河北电视台"故事坊"栏目深度报道了谭双剑为家乡,为国家所作出的努力与贡献。

2008年底,邯郸电视台"经济沙龙"专题访谈之"我给梦想筑鸟巢"。

2009年1月2日广东卫视迎接亚运,原创音乐栏目《乐拍乐高》与桑兰共同演绎《怀抱》。

2009年年初,接受河北电视台"今日资讯"专题访谈,讲述作为一个中国农民工应该为国家的建设贡献自己一点的力量。

2009年8月荣登《环球慈善》2009年之慈善创造和谐杂志,文中详细介绍了谭双剑的经历以及成功的坎坎坷坷。

2009年8月23日受"贵州卫视"邀请接受倪萍《中国农民工》之《为鸟巢点灯的农民工》专访。真诚的话语和真实的事迹感动了主持人及电视机前的亿万观众,流下感动的泪水。

2009年9月参加江苏电视台《家春秋》专题访谈。

2010年1月在广东东莞代表中国所有打工者,为东莞身在异乡的打工者们献出了《叫你一声亲人》和《没有什么大不了》两首歌曲。

2010年2月8日参加邯郸市馆陶县春晚,一首《叫你一声亲人》为家乡送去了节日的祝福。

2010年2月9日参加邯郸市春晚。与桑兰一同演唱了《怀抱》得到了各界的一致好评。

2010年2月参加《北漂春晚》带领农民工兄弟姐妹一起演唱了《叫你一声亲人》,感动了台下观众。

2010年3月5日,北京电视台青年频道邀请参加《阅读汇》节目。

2010年9月5日参加北京电视台中秋晚会并参演了两个节目,和群星合唱歌曲《乘着歌声的翅膀》,和各行业农民工兄弟姐妹们演唱了《叫你一声亲人》。

2010年9月,被优酷《榜样2010》收录为奋斗榜样,激励和感动了广大网友朋友们。

2010年12月23日参加中央电视台综艺频道《我要上春晚》栏目。在节目中和桑兰合唱了《怀抱》这首歌曲,受到了在座评委的关注和高度评价。

2010年12月参加天津卫视职场招聘秀《非你莫属》栏目,诠释新生代年轻人在竞争激烈的就业环境下如何摆正自己的位置,找到适合自己的职业定位。

2011年元月受深圳电台苹果秀邀请,代表北方打工者专题访谈。鼓励所有的打工者自强不息、为梦想而奋斗前进。

2011年9月参加在石家庄,由河北省精神文明建设委员会办公室和和谐

荣获奖项

2011年4月河北省政府授予"河北省发展劳务经济带头人"荣誉称号。2011年参加在邯郸举行的"关爱农民工志愿服务活动"启动仪式。2011年4月共青团北京市委员会颁授"北京青年五四奖章"。

文化研究会主办的"异地一家亲"迎中秋茶话会。

2011年底参加由河北省驻京办事处、河北省驻京团工委和河北省驻京建筑队伍管理处共同举办的"冀乡人在北京"新年慰问活动。

2012年1月参加CCTV网络春晚与从事多个行业的农民工兄弟共同演唱《北京兄弟》,唱出了农民工兄弟们的心声,通过歌声真实展现农民工兄弟的情感和艰辛的奋斗历程。

2012年1月参加CCTV7全国农民工春节晚会,和其他几位农民工代表集体给全国人民拜年,阐述只要肯努力和学习就一定能开创自己的一片蓝天。

2012年2月26日参加"数说北京"北京精神包容篇。述说以"2011北京榜样人物"谭双剑为例的建筑行业及外来务工人员对包容的深层理解。并且谭双剑在现场唱了一首自己的原唱歌曲《怀抱》。

媒体关注,深入报道

谭双剑的事迹和精神先后被新华社,中国新闻社报道,中央电视台、北京电视台、河北电视台、贵州卫视、上海东方卫视、广东卫视、浙江卫视、湖南卫视、山东卫视、天津卫视、福建东南卫视、安徽卫视、邯郸电视台等各地卫视滚动播放。

平面媒体有《人民日报》《京华时报》《农民日报》《环球时报》《羊城晚报》《渤海早报》《信报》《首都建设报》《南方都市报》《联合早报》《南方周末》《河北日报》《大河报》《羊城晚报》《光明日报》《中国青年报》《国际航空报》《北京日报》《竞报》《新京报》《法制晚报》《北京晚报》《北京青年报》《精品购物指南》《北京娱乐信报》《北京晨报》《河北农民报》《燕赵晚报》《邯郸日报》《邯郸晚报》《羊城晚报》《深圳特区报》等。

《环球慈善》《中国文艺家》《知音》《建筑》等多家杂志以及新浪、搜狐、腾讯、中国政府网、网易、电影网、凤凰网、优酷、酷六、土豆、人民网、新华网、央视网、千龙网、CCTV、腾讯、邯郸之窗、邯郸在线、邯郸政府网、河北

新闻网等诸多网络媒体报道。

人生观,价值观

谭双剑通过多年的打拼不但在建筑领域取得了一定的成绩,而且通过自己的实际行动为当代农民工树立了良好形象和奋斗榜样。

他始终坚信"有智慧出智慧、没智慧出汗水,用智慧改变明天,用双手创造未来。

只要坚持不懈的努力,不怕曲折,不论任何人只要有梦想并且勇于追求梦想,都会迈出自己的一片天地,实现人生价值,走向成功"!

第四章　社区里的热心肠

赫秀云,76岁,1937年她在山东郓城县柳子戏剧团工作期间曾两次受到毛主席的亲切接见。她本是"割草放牛出身",姊妹4人,她是老小。她的父母都是农民,"本职工作"乃是种地,"兼职"做些小买卖,偶尔帮人盖盖房子,"业余"喂了一头毛驴、一头牛,终日所得不甚丰裕,但足可供一家几口吃饱饭。她爱帮助人,是小区里出名的热心肠,居民们都说——"她走到哪儿,就把热闹带到哪儿"。

第一节　不嫌麻烦的赫大姐

2012年76岁的赫秀云,是洛阳新区勤政苑小区里出了名的热心肠,谁见了她都会亲切地叫一声"赫大姐",而她走到哪里,就能把热闹气儿带到哪里,帮助别人,从来没嫌麻烦过。

几年前,赫秀云早上打太极拳时,认识了小区里的陈女士,两人通过一起看视频学太极熟络了起来。陈女士的老伴儿去世后,由于儿女们工作忙,她经常一个人在家。

一天下大雨,她要出去买药时碰到了赫秀云,赫秀云一听二话没说,就陪着陈女士冒雨坐了1个多小时的公交车去买药。

一天,赫秀云给陈女士打电话想找她聊天,却得知陈女士由于高血压正在小区门诊部输液。

"你等会儿,我马上就过去!"放下电话,赫秀云带上女儿给自己买的

MP5就朝小区门诊部奔去。

"我当时怕她一个人在那边输液闷得慌，就过去陪她聊聊天，顺便把MP5带过去，大家可以一起看太极视频打发时间！"赫秀云笑着说。

哪知道，赫秀云这一陪就是半个月，且从没落下一天。

小区里一位50多岁的女士由于高血压导致半瘫，经常拄着拐杖在小区里散步，赫秀云一见她就鼓励她不但要走，更要动起来。帮她做甩手操，教她蹲下、站起等锻炼动作……在赫秀云的帮助下，这位女士的精神头儿是越来越好了。

赫秀云的热心肠，在小区里是出了名的。"她走到哪儿，就把热闹带到哪儿。"

许多居民都这样说。"老赫，快过来和我们一起唠唠吧！"在小区门口，一见到赫秀云，正在晒太阳的几位老人马上热情地招呼她加入。"来了！"赫秀云立马笑着向大家走去。

赫秀云讲起1956年她在山东郓城县工农剧团工作之后，先后两次受到毛主席的亲切接见，至今仍抑制不住内心的兴奋。

赫秀云出生在山东省郓城一个农家，因为是家中最小的孩子，父母把她当成"小子"养。

据她介绍，父亲在外做小生意，孩提时代的她便分担了一些家务活，还常常和哥哥姐姐一起下地干活。

1955年，赫秀云光荣地加入了共青团，用那个时代的话说，她就是一个积极分子，曾多次组织当地的扫盲工作。

受父亲影响，活泼好动的赫秀云逐渐对家乡的柳子戏产生了浓厚兴趣，并进行了专业练习，她很快在当地便小有名气。

1956年,当地政府召开共青团积极分子大会,期间,政府邀请了县工农剧团的演员为大家唱戏,赫秀云有机会和剧团人员一起演出,并献唱了《读书人苦难熬》等剧目,颇受好评。演出后,她接到了两个通知,一是报名前往黑龙江参加农垦,二是加入郓城县工农剧团,上山下乡为基层百姓服务演出。

最终,赫秀云选择了心爱的戏曲艺术,加入了郓城县工农剧团,出演生角。

第二节　立终生志愿

1959年的那个秋天,注定是个让赫秀云终生铭记的岁月。当年,赫秀云所在的郓城县工农剧团划归山东省柳子戏剧团,同年秋季,剧团接到上级命令,与省内另外两家剧团进京演出。

赫秀云回忆,当时剧团领导并未透露观看演出的到底是什么人。后来,当得知她们的演出地点是中南海怀仁堂后,赫秀云明白了一切,原来这些神秘的观众是中央首长。赫秀云既紧张又兴奋。她想,要是能见到毛主席该多好啊。

大家一直在后台静静地等待着,可当天的演出时间从原定的晚上七点半一直延迟到了八点半。

演出开始前,透过幕布缝隙,赫秀云和同伴们看到刘少奇、陈毅等领导人步入观众席。演出随后开始。

当晚的演出非常成功,结束后,刘少奇等中央领导上台亲切接见了演职人员,并与他们合影留念。

后来,赫秀云了解到,当晚的演出毛

互助精神

志愿服务包含着深刻的互助精神,它提倡"互相帮助、助人自助"。志愿者凭借自己的双手、头脑、知识、爱心开展各种志愿服务活动,帮助那些处于困难和危机中的人们。志愿服务者以"互助"精神唤醒了许多人内心的仁爱和慈善,使他们付出所余,持之以恒地真心奉献。"助人自助"帮助人们走出困境,自强自立,重返生活舞台。受助者获得生活的能力后,也会投入到关心他人、帮助他人、为社会做贡献的志愿活动中,这些志愿活动都涵盖着深刻的"互助"精神。

主席本来是要出席的,演出晚场也是为了等候他老人家。可是因为临时接见外宾抽不开身,只好让工作人员打来电话,让演出先行开始。这次演出和毛主席擦肩而过,在接下来两天的演出中,她始终被一种幸福感包围着,她期盼着毛主席哪天会突然莅临演出现场。可能是因为国事繁忙,在北京的整个演出期间,虽然见到了许多中央首长,赫秀云始终没有见到毛主席。

直到一年以后,赫秀云的心愿终于得以实现。1960年,毛主席在山东省济南市接见外宾。柳子戏剧团奉命为主席和来宾演出。赫秀云和其他演员们上演了一出《张飞闯辕门》。

回忆当时的情景,赫秀云歪着头笑了起来。毛主席就坐在第一排观众席中间的位置,这是她们一群小丫头在舞台后面早已经窥见好的。登台后,她们演得很认真,很投入。

下台后,赫秀云也顾不得换装,她小心翼翼地掀起幕布偷偷端详起主席。她回忆说:"主席身上穿着一件崭新的中山装,脸上露着微笑,第一次这么近距离地见到主席,我和其他演员都非常激动。"

演出结束后,起身离席的毛主席向演员们挥手致意后朝会场外走去。

可是赫秀云和大家难以抑制激动的心情,她们高声呼喊着毛主席,有人甚至激动地哭了出来。在大家的呼喊声中,毛主席回过头走进演员中间。

老人家伟岸的身躯被众人簇拥着,他逐个与演员握手,并邀请

她们一起跳交谊舞。

赫秀云说:"当主席把手伸过来的时候,我们感到又激动又难过,因为大家没有一个人会跳。"

赫秀云描述当时自己的心情:遗憾、不舍!她说,现在的人可能很难体会到在那个年代老百姓对领袖的爱戴和崇敬之情。那时候信息比较闭塞,领袖的音容笑貌大家平时都是从年画里看到的。能近距离接触他们,是一件多么幸福的事情啊。

进步精神

进步精神是志愿服务精神的重要组成部分,志愿者通过参与志愿服务,使自己的能力得到提高,同时促进了社会的进步。在志愿活动中无处不体现着"进步"的精神,正是这一精神使人们甘心付出,追求社会和谐之境的实现。

一年后,在同一块场地,赫秀云再次见到了前来观看演出的毛主席。毛主席对她们说,柳子戏是我们国家的传统戏种,一定要演好,要用忘我的工作热情,回报广大人民群众。

两次见到毛主席,赫秀云坚定了自己的信念:忘我工作,一辈子都要无愧于党和人民!

1962年,赫秀云被下放到山东某地。在那里她当上了妇女主任,平日里组织百姓演出柳子戏丰富生活。赫秀云说,虽然被下放,右腿也在这期间落下残疾,心里虽偶有不平,但是一想到毛主席的身影和他殷切的期望,她便又鼓足了干劲。

1984年,因丈夫工作调动,赫秀云一家迁往洛阳瀍河回族区居住。5年后,赫秀云出任瀍河回族区杨文办事处四通路居委会主任兼党支部书记,在这个位置上她一直干到2000年退休。

说起在居委会工作的收获,赫秀云感慨良多。她说,自己得到最多的就是人们的信任。这些信任不会凭空建立,都得益于自己扎实肯干的工作精神。

赫秀云说,多年来,社区无论大小事,她都忙前忙后,为大家排忧解难。甚至有人离世,她都要到火葬场帮死者家属一起料理后事。热情而细致的工作作风,使她得到了居民们的一致好评。

她工作期间获得的各种荣誉证书,整整摆满一张大床,只有她自己明白,这是毛主席给她带来的鼓励。

如今,曾被评为洛阳市劳动模范的赫秀云已经退休在家好几年了,可是每逢居委会改选,大伙都要听取"赫大妈"的意见。

第三节　寻常人生的幸福

寻常人的人生,总是曲曲折折起伏不平,逢年过节,总是几家欢喜几家愁。

按常理推断,赫老太所闯的这些年关,不大可能都过得顺心如意吧?夫妻闹别扭了,孩子不听话了,儿媳妇不懂事了……乃至物价上涨了,都有可能影响心情。可赫老太琢磨了小半天,居然正儿八经地说:"每年都过得很喜庆。"

她那样子不像是在说大话。这老太太耳聪目明、步伐轻快、乐呵呵、无忧无虑的,有着与年龄不相符的年轻态。一个见惯了世事变幻、饱尝过悲欢荣辱的人,是有本事将所有苦都酿成甜的。

赫老太的儿子家住洛阳新区勤政苑,小女儿家住新区长城花苑。她和老伴儿"一般"住在儿子家,不过这阵子她往小女儿家跑得很勤,因为"闺女生了孩子,家里添新丁了"。

坐在女儿家温暖的客厅里,赫老太扳着手指做算术题:"我、老伴儿、儿子、闺女、儿媳妇、女婿、孙子、孙女、外孙、外孙女……全家18口人哩!"

算完了,她喜滋滋地拍一下手,咧嘴大笑,似乎很为这个"庞大的家庭"感到骄傲。

了解了赫秀云的身世,你便会明白她这骄傲从何而来。

赫秀云原籍山东郓城,本是"割草放牛出身"。姊妹4人,她是老小。她的父母都是农

> **社区文化**
> 社区文化是社区的地域特点、人口特性以及居民长期共同的经济和社会生活的反映,实质上是地方文化的具体表现。表现为不同社区的人们具有多种多样的服饰、饮食习惯等的差异。

民，"本职工作"乃是种地，"兼职"做些小买卖，偶尔帮人盖盖房子，"业余"喂了一头毛驴、一头牛，终日所得不甚丰裕，但足可供一家几口吃饱饭。

"吃穿过得去，没受啥大罪。"这是赫秀云对儿时生活的总结。

成年后，她嫁给了一个军人。军人身世可怜，父母双亡，无亲无故。"我嫁给了一个孤儿，没有公公婆婆，关起门过日子的只有我们俩。"赫秀云感叹，"如今熬成了有18口人的大家庭，不容易啊！"

人口一年年添着，年也是一年年过着，但过年的方式和心境在悄然改变。

她说："小时候生活条件不好，过年都是凑合，包个饺子，蒸个馍，吃得很简单。"

就当时的社会状况来讲，赫秀云家不算穷，但吃上一顿白面饺子也是奢侈，"刮刮家里的面缸，给老人包一碗白面饺子，年轻人只能吃红薯面饺子。吃得再不好，也没人抱怨，大家都挺开心"。

年三十晚上，吃罢饭，每个人都穿得厚厚的，坐在堂屋里守岁熬夜。没有炉火，也没有柴火，就那么围坐成一团，你一言我一语地聊着，冷了就跺跺脚，呵口热气暖暖手。

半夜两点开始烧香，摆上供品，成群的人都去磕头。"五更时候，我父亲拿出一挂鞭炮，拴在竹竿上，劈里啪啦绕着院子放。放完鞭炮，娃娃们就去给长辈拜年"。

长辈坐在床头，笑眯眯地看晚辈下拜行礼，完了抖搂抖搂袖子，呼呼啦啦一阵响，从袖口里抖出两颗糖来，分给孙儿；或是从枕头下翻出几颗核桃，塞给娃娃。

"这就算阔绰的。"赫秀云说，那年代的人都没啥闲钱，过年不封红包，更没有给孩子的压岁钱，两颗糖、几颗核桃就能让孩子们高兴疯了。

有的老人手头紧，只能给孩子们分些红薯面馃子——这面疙瘩不金贵，精明的娃娃都不愿意要，背着手扭来扭去，嬉皮笑脸地跟大人讨价还价："给我封个'大布袋'！给我封个'大布袋'！"非要点儿解馋的零

社区文化特征

文化与社区不能割裂。文化是在一定的空间范围和时间向度上生成的,社区是文化的土壤,社区结构的形成端赖于文化的制约,文化的孕育和传承又存在于社区的社会活动和生活工作之中。社区文化对居民的素质影响力越来越明显。一是价值导向性。

食不可。

当时的人过年串亲戚,能从初一串到十五。串亲戚不能空手去。"蒸40个白馍,挎着竹篮挨家挨户串,一家留12个馍,人家再回几个馍……串完亲戚,剩下的馍就可以自家吃了"。

白馍象征着体面和礼数,为蒸这40个白馍,"一年到头,每顿饭都得算着口粮,把白面匀出来留到年下"。

正月十五挂红灯。大户人家买灯笼,平常人家自己做面灯:揪一疙瘩面团,捏成中间凹陷的窝窝,插上灯捻儿,倒上菜籽油,点着了,放在屋门两边,这叫"上灯"。

上灯的窝窝是麸子面做的,又黏又甜,孩子们喜欢,往往是灯油没烧完就抢着吃了。

"那时候过年,吃的、用的跟现在没法比,可是比现在热闹。现在的人工作太累了,过年只想在家里歇着,嫌串亲戚麻烦。在那时候,串亲戚可是个高兴事儿,没人觉得累。"赫秀云说。

与赫秀云同龄的老太太多半不识字,赫秀云却能将《洛阳晚报》从头念到尾,因为她"年轻时上过速成识字班",这说明她是一个革命积极分子。

1955年,赫秀云加入了共青团,曾多次组织当地的扫盲工作。1956年,她前往郓城县柳子戏剧团工作,上京汇报演出,曾两次受到毛主席的亲切接见。其间,她过的是奋发上进的年。

1962年,她因生孩子回到老家,右腿也因故落下残疾。此番变故会否影响她过年的心情?"没有呀!做人要能想得开,有吃有喝就行,反正在哪儿都是过日子嘛!"在那里,赫秀云依然积极,还当上了妇女主任,平时组织百姓演出柳子戏,引导大家自娱自乐,忙得不亦乐乎。

1984年,由于丈夫工作调动,赫秀云一家迁至洛阳。此后不久,热情活泼的她被选为瀍河回族区杨文办事处四通路居委会主任兼党支部书记,一直干到2000年退休。这期间,她过的是奔波调停的年,专门解决邻里之间错综复杂、鸡毛蒜皮的事儿。

如今,退休前的"赫主任"变成了退休后的"赫会长"——新区太极拳协会会长,跟拳友们切磋锻炼之余,她仍致力于宣传睦邻友好观念。

"有人抱怨城里人情薄,邻居之间也不打招呼,关起门过年,冷冷清清的。要我说,那是自个儿太死板,总巴望着别人先跟你攀关系。像我,爱说爱笑,路上碰见了,你不理我,我先理你,一来二去,就成熟人了。"赫秀云说,她老伴儿患糖尿病多年,瘫痪在床,"每次我推他出门,都有人帮。"

家里有个需要伺候的病人,会令悲观的人失去过年的心情,但在乐观的赫秀云看来,亲人在身旁就是好事儿,"团团圆圆的,比啥都强"!

第五章　最美女孩孟佩杰

有这样一个女孩，他以自己的孝顺和顽强感动着中国。她就是孟佩杰。孟佩杰有着一个不幸的童年，5岁时父母相继去世，由养母刘芳英照顾。3年后养母因病瘫痪，养父不堪生活压力离家出走。8岁的孟佩杰开始为生计而操劳，承担起侍奉瘫痪养母的重任，不离不弃。2009年，孟佩杰被距离家乡百公里外的山西师范大学临汾学院录取，不放心养母的她决定带着母亲上大学，在学校附近租了房子，继续悉心照料着养母。

第一节　走近人物

个人简介

孟佩杰，出生于1991年，山西临汾隰县人，有着不幸的童年。

5岁，生父因车祸去世，生母无奈将其送人领养，不久生母因病去世；8岁，养母刘芳英因病瘫痪，不久后，养父不堪生活压力离家出走，此后杳无音讯。

从8岁开始，孟佩杰义无反顾的承担起侍奉瘫痪养母的重任，这一照顾就是12年。

这个名叫孟佩杰的女孩因孝心在网络上走红，被称为"最美的女孩"。

社会评价

社区精神

加强社区精神要素的质量,充分发挥思想政治教育功能,对于促进人们正确世界观、人生观、价值观的形成有着极为重要的作用。二是情感归属性。对本社区和人群集众的认同、喜爱和依恋等心理感觉,对于人们健康心理的形成有很大帮助,也有利于其社会化的正常进行。三是行为引导性。在社区发展中社会凝聚力不断增强,因此,任何背离社区文化的行为必然会遭到社区居民的反对,这对人们行为无疑是一种约束力,四是教育实践性。社区教育是社区文化建设的重要组成部分。

2009年,临汾市委授予孟佩杰母子"文明和谐家庭"称号,2010年孟佩杰成为临汾市年龄最小的"十佳道德模范",还被山西电视台评为"2010年十大记忆人物"。

2010年11月,孟佩杰参选了"隰县十佳道德模范",点击回复率位列第一,隰县县委宣传部副部长、县文明办主任马林明向记者介绍说孟佩杰在所有的候选人中,年龄是最小的,但她的事迹却最感动人,"山西晚报报道后,我知道好多人是哭着读完这篇文章的,隰县社会各界的人都在关注她,包括许多省外的好心朋友们。"

许多网友在投票帖子上留言发表感慨,有网友称19岁的她是"年龄最小的候选人,却是最'大'的人";还有校友留言鼓励:"也许你不认识我,但我认识你,你一定要加油,一定要坚强。"

2011年6月,孟佩杰因孝心在网络上走红,被称为"最美的女孩"

2011年9月,孟佩杰荣获全国"孝老爱亲"道德模范荣誉,受到表彰。

网友"衣上酒痕"在和大家一起为孟佩杰母女送去生活用品后,面对援助者的热情,她写下这样的话:"谢谢各位!在这样落寞现实和浮躁的社会里,也许,你们更让我感动!"

"我们很草根,但我们不渺小。真善美是我们永远追求的方向,努力,在每一天。"这是网友"狼烟"回帖中的一段话。

感动中国

【获奖名片】孝女当家

【推选委员评价】

推选委员丁俊杰说：孝顺是中华民族传统美德，孟佩杰付出的是孝心，赢得的是尊重，一个感动中国的平凡女孩。

推选委员王振耀说：小小年纪，撑起几经风雨的家。她的存在，是养母生存的勇气，更是激起了千万人心中的涟漪。

第二节　美丽女孩的艰辛人生

人物事迹

出生于1991年的孟佩杰是山西临汾隰县人，有着不幸的童年。5岁，生父因车祸去世，生母无奈将女孩送人领养，不久生母因病去世；5岁的孟佩杰由刘芳英照顾，三年后养母刘芳英因病瘫痪，不久后，养父不堪生活压力离家出走，此后杳无音讯。

从此，孟佩杰日复一日照料养母刘芳英，任劳任怨，不离不弃。2009年，孟佩杰被距离家乡百公里外的山西师范大学临汾学院录取，不放心养母的她决定"带着母亲上大学"，在学校附近租了房子，继续悉心照料着养母。

这个"久病床前有孝女"的故事近日在网络上传播感动了众多网民。在临汾当地论坛上，网民们纷纷为她"盖楼"祝福，称她为"临汾最美的女孩"。

一位网民写道："尽孝，是一切善德之始，也是一切幸福之源。在多舛的命运前，我们不能失掉孟佩杰这般面对生活的态度"。

八岁女孩的肩头重担

"我刚放学,正在去医院的路上。"孟佩杰边走边打电话,声音有些喘,电话那端还夹杂着马路上的车声与人流声。四点钟放学,她一下课就往医院赶。

学校离医院不是很近,步行需要半个多小时,骑车的话至少也要20分钟才能到。

早晨五六点钟起床,佩杰把妈妈安顿好后就回学校上早自习;中午12点下课后,匆忙赶回去给养母喂饭、擦身子、活动筋骨。

下午两点再赶回学校上课,四点多放学先到医院照顾妈妈,接着赶回学校上七点钟的晚自习,直到九点半晚自习结束了再回来陪妈妈……这就是孟佩杰的一天。

每一天她都这样悉心地照料着自己的养母,这种生活和这样的快节奏,她坚持了12年。为何她小小的年纪要肩扛如此沉重的责任和负担,又为何在本应该享受父母溺爱的年纪比其他孩子更加懂事? 这一切都要从16年前说起。

5岁那年,佩杰的父亲被车祸夺去了性命,迫于生活压力,母亲不得不把她送给当时在山西临汾隰县老干部局工作的刘芳英收养,乖巧懂事的她给这个平凡的家庭增添了不少欢乐。

如果日子如这般平静的话,佩杰应该也像其他孩子一样有一个幸福而快乐的童年。但命运对于这个原本就不幸的孩子似乎有些残酷,8岁那年,养母刘芳英突然患上了椎管狭窄症,下半身瘫痪,生活不能自理。

不堪重负的养父选择了离开,留下了一个年仅8岁的孩子和一个瘫痪在床的病人。

社区视觉文化

物业给业主的第一印象,应该使业主产生归属感。开发商在规划时就应有所考虑。物业管理企业接收后,应将小区的标志系统全面统筹设计,做到和谐统一,有章可循。为了使来访客人方便到达目的地,应在主要路口设立美观简明的交通导示系统。

对于一个对世界尚未全知的8岁孩子而言,这一切来的太突然,厄运甚至连招呼都不打。就在其他同龄的孩子正享受童年的欢快与幸福之时,小佩杰的童年戛然而止,她开始担起了妈妈和整个家,也开始了与不幸的拼争。

佩杰朦胧地记得她在妈妈指导下做的第一顿饭,"土豆丝切得比指头还粗,吃起来像咸菜,还半生不熟。"

因为身子太小,够不着灶台,佩杰每天都踩在小凳子上生火做饭。小小的她不知摔了多少跤,烧伤过多少次,但却从未喊过疼。

刘芳英说,"一开始她分不清各种蔬菜,就自己编口诀'长长的青葱圆圆的蒜,扁扁的豆角绿油油……'有时家里没钱了,她就自己出门去找街坊邻居借。"

她明白自己是家中唯一的劳力,没有人可以依靠。

每天早上,佩杰都要早早起来,给妈妈洗脸梳头、换尿布、擦身子、涂抹褥疮膏。

冬天家里生火炉子取暖,一个小孩子哪里懂得炉子封火的窍门,因此常常到了半夜就熄灭了。

被冻醒后的佩杰不管夜里几点都赶紧再把火生着,要不然就会冻到妈妈。

刘芳英瘫痪在床,要经常换尿布,晚饭后佩杰就给妈妈洗尿布,每天都要清洗干净一大堆,要不然就接不上茬了。北方的冬天极其寒冷,每每晾晒衣服,佩杰的小手总是被冻得又红又肿……

妈妈瘫痪后的第一个除夕,专门请了个阿姨到她们家包饺子。那天晚上,佩杰给妈妈换了6次尿布,整个除夕就在换尿布、洗尿布中度过的。"电视里春晚现场传来阵阵笑声,妈妈却时不时地哽咽着。"佩杰说到这,声音有些低沉。

最初的那段日子,除了要包揽全部家务活之外,小佩杰要面对的还有因病几近崩溃的妈妈。

　　此时的刘芳英怎能一下子承受如此致命的打击：自己瘫了、丈夫走了、家里穷了。她经常莫名其妙声嘶力竭地大哭或大笑。年幼的佩杰看到这样的情景，心里非常害怕，蜷缩在一边不敢说话。后来见的多了，她也就慢慢理解妈妈了。

　　"我觉得，家是一生关爱，要用无尽的情滋润温暖亲人的心，让生活永远充满希望。"

　　懂事的佩杰用自己的情温暖着妈妈的心，她告诉自己绝不能惹妈妈生气，还要尽量让妈妈高兴。因此平日里功课再多再累，她都留出时间陪妈妈聊天，给妈妈读书，和她分享有趣的事，想方设法地逗她开心，帮她解闷。

　　看着女儿如此孝顺贴心，刘芳英更加的自责与痛苦，她不忍心拖累佩杰，在她看来，这样对小佩杰实在太不公平了，她让人帮忙买了几十片止痛片，悄悄地安排后事，想要把佩杰托付给邻居。然而佩杰在收拾床铺时，意外地在妈妈枕头下发现了这些药。

　　佩杰回忆道："当时虽然年纪小，但我也听说过吃去痛片自杀的事，家里一下子冒出这么多的药片，我害怕极了。在我一再追问下，妈妈终于说出了真相。刹那间，我如五雷轰顶、失声痛哭。"佩杰哭喊着央求妈妈千万别丢下自己。

　　从那以后，佩杰照顾妈妈更加小心了。家里的刀子、剪子、锥子，凡是她觉得能寻死的东西都放得远远地，吃药的时候就守在妈妈旁边，一粒也不多给。就这样，在女儿精心照顾开导下，刘芳英终于走出了痛苦的阴霾，享

受生命和煦的阳光。

刘芳英说："12年来，她每天早上6点起床，帮我穿衣服、刷牙、洗脸、换尿布、喂早饭，然后一路小跑去上学；中午放学，回家做饭、喂饭，给我擦洗身子、活动筋骨、敷药按摩、洗漱更衣、倒屎倒尿，换洗床单、被褥，再匆匆忙忙去上课；放学回来，匆匆赶回家做晚饭、做家务，服侍我睡觉。每次全部收拾完都得到9点以后，然后她才歇下来做自己的功课。"

刘芳英"很庆幸"当年收养了孟佩杰："当时想收养孩子，但又觉得与5岁的孩子不易培养感情，后来经不住孩子生母的一再请求，决定收养她，没想到这成了我一辈子最正确的决定。"

说起往事，说起12年来孟佩杰遭的罪，刘芳英泣不成声："我照顾了她三年，她却要照顾我一辈子，我下辈子还给她做母亲，我一定报答她。"

"我只是做了每个女儿都会做的事"

12年间，孟佩杰身上发生了无数令人动容的"小故事"。

孟佩杰的中学同学、大学同学杨姣姣告诉"中国网事"记者，从中学到大学，孟佩杰给大家印象最深的是她什么时候都是小跑着，一路小跑着去上学，一路小跑着回家照顾养母，经常跑得气喘吁吁，面红耳赤。"孟佩杰妈妈病倒后，又要生活又要治病，为补贴家用，她一有时间就上街帮人发传单，原来白白的女孩生生地晒成了'黑姑娘'。"

照料养母生活起居是孟佩杰每天耗时最长的"必修课"。刘芳英瘫痪后大小便失禁，为了尽可能避免弄脏床单被褥，孟佩杰就在褥子上铺上塑料布，塑料布上又铺上床单。即便如此，洗尿布、衣裤、床单仍是她每天必做的"功课"。

另一项必做的"功课"是帮助养母做康复训练。去年，临汾一家医院听闻孟佩杰感人故事后，将刘芳英接入医院免费治疗。

为配合医院治疗，孟佩杰每天要帮养母做240个仰卧起坐、拉腿200次、捏腿三十分钟……长年瘫痪在床的养母排便困难时，孟佩杰就用手指帮她一点点地抠出来。

养母病倒后,俩人每个月就靠微薄的病退工资生活,经济十分困难,佩杰对每一分钱都精打细算。"有年儿童节,我给了她一块钱,让她出去买点自己想吃的东西。结果佩杰又原数把钱带了回来,说这一块钱还够我们娘俩吃顿饭。当时我的眼泪就下来了,孩子这么懂事,跟着我真是受委屈了。"刘芳英说到。在养母的记忆中,8岁之后的佩杰,从来没有买过一件衣服。一直都是穿亲戚朋友家孩子的旧衣服,"把省吃俭用下来的钱给妈妈买药买衣服。反正能穿就行,不用讲究那麼多。"佩杰笑着说。

一次同学过生日请吃饭,孟佩杰舍不得喝饮料,就把自己那瓶悄悄地装起来,找了个借口提前离开,急匆匆地跑回家给养母喝。2010年暑假,孟佩杰冒着酷暑在街上发广告传单,挣了一千三百多元钱,拿到工资的第一件事就是买了养母爱吃的红烧肉和猪头肉回家,看着冒着热气的肉和变得黑黑瘦瘦的女儿,刘芳英泪流满面;孟佩杰偶尔会买鸡腿给养母改善伙食,自己却从来不肯吃一口,还说:"挨着鸡屁股呢,我不喜欢吃。"

"有时候我闹肚子,一天得换四五次尿布,有时候拉不出来,都是她帮我用手指挖出来的。刘芳英从枕头底下拿出了刚领养来小佩杰时拍的照片,那时候的她又粉又胖,而今,除了眉目依稀相似,我面前的佩杰早已经离开了快乐的童年。我问她还记不记得小时候的事情,她说雾蒙蒙的一片都记不得。我问她是不是还记得刚到妈妈家的情景,她突然笑了,说:"那天我穿着米黄色格子的衣服,我的房间里准备了好多好吃的东西,第二天看到妈妈就叫'娘'了。"

说起这些年的不易,孟佩杰不觉得有特别之处。她说:"我只不过是做了每个女儿都会做的事。"

第三节　乐观生活,无惧磨难

第一次见到孟佩杰,"中国网事"记者有些意外:眼前这个瘦瘦小小的

女孩看起来更像是个十五六岁的少女，尤其是一张稚气未脱的脸和强烈的乐观情绪让我印象深刻。

刘芳英说，"这么多年来，孟佩杰的乐观感染了我，让我找回了生活下去的勇气。刚瘫痪那几年我心情不好，常发脾气，但她从来没和我争过吵过，而是笑着给我讲故事，我不知她的故事是从哪来的，她还买了一本笑话书读给我听，经常挤眉弄眼、出丑变怪逗我乐。再苦再累，她都没在我面前没流过一次眼泪，什么时候都是一脸阳光高高兴兴的样子。她还常鼓励我，说'妈妈别怕，有我呢，只要精神不滑坡，办法总比困难多。'"

要强的孟佩杰还拒绝了不少好心人的帮助，坚持自己照顾养母。当"中国网事"记者问她"哪怕同学们帮你做顿饭也能减轻你的负担"，她忽然搂住刘芳英的脖子说："我的娘只爱吃我做的饭。"

提及谈恋爱，刘芳英很担心自己影响到女儿找婆家。孟佩杰却笑着说："我要找个开饭店的对象！猪肉、羊肉、牛肉……那时候我喜欢吃肉的妈妈可以想吃什么肉就吃什么肉啦！"

2012年6月24日是孟佩杰养母刘芳英的生日。在经过几十家媒体和慈善团体、个人的"围追堵截"后，孟佩杰终于可以安静地陪母亲过一个生日了。

病房里，一个朴素的六寸小蛋糕上插着12支小蜡烛。孟佩杰说，这是希望妈妈能够一年十二个月都能健康快乐。

第四节　孝女孟佩杰

记者说："亲眼见到孟佩杰时，我受到的震动至今无法忘怀。早先阅读她的事迹材料时，本以为她应该是一个瘦瘦黑黑，有着与她年龄不符的老成以及沧桑感的女孩，应该沉默内向，不苟言笑。但那天在临汾市第三人民医院康复科病房内见到的小女孩却一副十四五岁的少女模样，眉宇间没有一丝负担、忧虑，见到我们的时候显得有点紧张，但却依然和她养母刘芳英笑语盈盈。

完全不像是一个5岁便经历丧父之痛、并被生母转送他家的女孩。完全不像一个8岁又遭遇养母患病半身不遂、养父离家出走再没回来的女孩。

更完全不像是一个能够扛着她瘫痪的养母一路走来，不离不弃的女孩。至少，没有我想象中应该有的坚毅、责任，甚至没有那种历练之后的成熟感。

十二年的四千多天来，孟佩杰不仅仅在生活上把刘芳英照顾好了，更重要的一点是，她的存在让刘芳英渐渐找回了生活下去的责任和勇气。刘芳英说，小佩杰给她讲的每个故事每个笑话她都记得清清楚楚。"

"要不是她，我十年前就已经死了。"

背母亲上学

在故乡照顾了母亲9年之后，小佩杰开始面临一个巨大的抉择——她将要去百多公里之外的城市上大学，但是妈妈怎么办？

刘芳英让佩杰安心去念书，她能找到人照顾自己。但佩杰最后背着刘芳英来到那个城市，在学校附近租了间房，继续贴身

服侍养母。每逢寒暑假有点闲暇时间，佩杰就会找一些发传单之类的兼职，赚点钱补贴家用。平时，她买蔬菜都尽量买便宜的番茄、白菜而不舍得买豆角、茄子。

刘芳英现在穿的衣服都是佩杰省吃俭用帮她买的，而佩杰身上穿的大多数都是一些亲戚朋友家孩子不要的衣服，在别的女孩子纷纷开始爱美的年纪，佩杰梳着最简单的学生头，远远地躲在斗艳的人群外。

然而，佩杰的孝心、懂事都是天生的吗？并不全然如此。

刘芳英在患病前曾是当地文联的成员，同时多年从事群众文化工作，为人乐于助人，热心周到，是当地众人称赞的"好大姐"，曾在文学创作、文艺表演、精神文明等领域获得县市级各类奖项共40多个。

而她虽不曾婆婆妈妈地教导小佩杰应该如何做人，但是她的行为却给小佩杰树立了很好的榜样。

小佩杰有一个老师曾是刘芳英的故交，谈及这对热心善良的母女，用这样一句话概括："桃李不言，下自成蹊。"

如今的佩杰，在照顾刘芳英之外，也时刻愿意对人伸出援手。借着中午能回家的便利，她时常带着十几个充电器回家帮同学们的手机充电；院子里的老大爷老大娘需要买点什么了她都愿意代为跑腿。

现在刘芳英被接到一家医院免费接受治疗，佩杰又成为医院的小护工，给刘芳英的病友们洗衣打水，偶尔煮一锅饺子都先想着给大家分一点。

这个忙碌的小丫头"每次见她都是一路小跑"，刘芳英开玩笑说："这样至少让她现在身体好，不容易生病。"然而这个忙碌的小丫头还有倔强的一面，她从不愿接受外来的帮助和宣传，之前还曾警告一个想要报道她的记者说："如果你敢上报我就去法院告你。"我问她为什么不想让更多的人帮助你呢？

她回答，因为这些事情我都能一个人做好。我又继续问，可是如果同学老师们只是想帮你分担一点家务，比如帮你妈妈做饭之类的？她看了我一眼，说不出眼神里的内容——然后搂着刘芳英的脖子说："我的娘只爱吃我做的饭。"

"佩杰的故事我还能说很多很多，比如去年有一个记者采访完佩杰后给她买了点肯德基，而佩杰拿回去后骗刘芳英说自己已经吃过了，全部喂给刘芳英吃了；比如有次佩杰打零工赚了点钱买了两个

社会评价

2009年，临汾市委授予孟佩杰母子"文明和谐家庭"称号，2010年孟佩杰成为临汾市年龄最小的"十佳道德模范"，还被山西电视台评为"2010年十大记忆人物"。

鸡腿，一个拿回去给刘芳英吃了，想了一会儿后把另一个送给了住刘芳英楼上的一位孤老；比如去年中秋班级同学聚会，佩杰拿了桌上一瓶送的营养快线就借故离席，跑回家把那瓶营养快线拿给刘芳英之后又跑回学校上自习。"

令我更加敬佩的是，那么多年来佩杰没有一次迟到或缺课。

"这两天在医院里看着佩杰忙碌的身影，看着她在狭小的卫生间里洗尿布、床单，看着她往返于病房和天台晾晒衣物，看着她吃力地帮刘芳英做康复运动，看着她温柔地给刘芳英梳头洗脸，看着她用92斤的身子把120多斤的刘芳英从床上背上轮椅，看着她用稚嫩的脸庞与刘芳英亲昵嬉笑。我承认我的注意力完全被她吸引住了，她虽然长相普通，但却比传说里的田螺姑娘、七仙女之流更真实可爱，因为她活生生地在我面前，会笑，会流汗，会撒娇，按刘芳英的说法，还'会拿臭脚丫放在我脸前'，但是这样一个活泼的小女孩，却像蜗牛一样背着她的养母整整走了12年，并把"久病床前无孝子"这句老话打飞到历史的垃圾堆里。

"那天采访完她，我认真地给她鞠了个躬，喊了她一声孟老师。我还说希望能帮她一起洗尿布，但是被她拒绝了。我决定以后每次去那个城市采访都要去看看她和刘芳英，做点力所能及的事情，因为我渴望能成为她的朋友。

"这次采访于我而言压力巨大。首先是因为她的故事太感人，而我若无法充分地将这个故事写下来，那无疑是一种辜负。其次，我实在不知道，将她宣传出去，进一步推选成全国十佳道德楷模，对她的成长和生活到底会造成怎样的影响。

我害怕她就像一朵雪莲或是腊梅，只可在苦寒绝顶处怒放，而不能在

俗世中一展芳泽。我害怕纷至沓来的记者会毁了她的生活，就好像我第一次去采访她时耽误了她洗尿布的工作。我更怕她会迷失在他人的赞美中——而她起初从不觉得自己做的事情有什么特别的。"

"妈妈对我很好，我也对她很好。她是最好的妈妈。"我真的害怕这种朴实的言语从此在她身上消失，怕她变得世故老练，怕她因为日子逐渐好转而不再那么勤奋、负责、认真。

我也怕刘芳英渴望报答女儿的心态会让她极力把佩杰的事迹扩大宣传，我怕她们两人平静的生活会一去不返。我怕她们两人会渐渐不再彼此专有。

但是至少，媒体的报道能改善她们的生活。她们现在能免费住在康复病房，免费吃饭，还有一些好心人定期捐赠，这些都至少减轻了一点佩杰这个年仅20的小女孩肩头的压力。

无论如何，遇见她以后，我相信这世界上真的有大爱，那种让我自惭形秽的大爱。

我想如果这世上只剩下最后一个天使了，那一定就是她。

随着"'临汾最美女孩'带着养母上大学"的事迹在网上引起越来越大的反响，近日越来越多的慈善团体和媒体记者来到孟佩杰与养母刘芳英现住的临汾市第三人民医院康复科病房，希望对她们进行更多的帮助和报道。

中国残联慈善基金会以及省、市、县级残联均对刘芳英提供了一定资助，加之来自于社会各方面的关怀和鼓励，孟佩杰和刘芳英的生活条件将得到显著改善。

然而，部分网民仍然担心过多的关注会打扰孟佩杰正常的生活，甚至影响这个姑娘的心态，但孟佩杰在接受了一轮又一轮的采访、追捧之后，依然心态淡然。

她说，妈妈健康幸福才是最大的心愿。

事迹感悟

"在贫困中,她任劳任怨,乐观开朗,用青春的朝气驱赶种种不幸"在艰难里,她无怨无悔,坚守清贫,让传统的孝道充满每个细节。虽然艰辛填满了四千多个日子,可是她的笑容依然灿烂如花。"这是感动中国组委会给她的评价。

从8岁到20岁,12年,她照顾养母每个日日夜夜,每个点点滴滴。从人还没有灶台高,踩在小凳子上生火做饭到带着母亲上大学,她付出的是孝心赢得的是尊重,她的身上有许多品质值得我们学习。

我们要学习她尊老助人的高尚品质。"她的存在,是养母生存的勇气。"养父离家,养母瘫痪,她的肩膀过早地挑上了生活的重担。当别的孩子享受着美味的饭食时,她却要踩在小凳子上做饭,忍受着无数次摔下的疼痛;当别的孩子已开始做功课;她却还在为母亲活动筋骨,敷药按摩,洗漱更衣。

孝顺是中华民族传统美德。当我们还在为父母的辛勤付出而感到心安理得时,在城市某个角落,农村的某个山坳,却有和我们同年龄甚至比我们年龄更小的孩子已经在践行这一美德。

说到孝顺,我们多用将来时,而如孟佩杰等千千万万生活条件困难的人用的却是现在进行时。

"尽孝,是一切善德的开始,也是一切幸福之源。当孟佩杰20岁的生命中,就有四千多个日夜在照料养母时,提起孝心,我们还能用"将来"吗?

我们要学习她持之以恒的顽强精神和她乐观的人生态度。

"刚瘫痪的那几年我心情不好。常发脾气。再苦再累,她都没在我面前流过一次泪。"若不是出自养母刘芳英亲口,常人都

难以置信这个拥有如此不幸的童年的孟佩杰竟会有如此乐观的人生态度。

"200个,240次,30分钟"这便是每天孟佩杰要为母亲做的仰卧起坐、拉腿的次数和时间。

如此枯燥的工作重复220次,更何况天天如此。支撑孟佩杰坚持下来的毅力正是我们缺失的。

一个单词一句古诗词只要每天重复几次就能牢记,我们做到了吗?重复看似是一件最简单的事。经常如此是一种习惯,而天天如此却是一种精神。

和孟佩杰一样,还有许多感动中国人物是那么的"草根",他们就像一把道德的直尺,度量着我们心与心的距离。

《致最美丽的女孩》

网友"衣上酒痕"在和大家一起为孟佩杰母女送去生活用品后,面对援助者的热情,她写下这样的话:"谢谢各位!在这样落寞现实和浮躁的社会里,也许,你们更让我感动!"

"我们很草根,但我们不渺小。真善美是我们永远追求的方向,努力,在每一天。"这是网友"狼烟"回帖中的一段话。

网民"与同"还为孟佩杰写了一首诗:

他们说你是一个安静的女孩,

有着一张清丽的脸。

年少的你,

是否该在母亲的怀中细语呢喃,

是否该在少女的梦中绽放笑颜?

他们说你是一个柔弱的女孩,

有着瘦削却有力的肩。

年少的你,

是母亲的手,是母亲的腿,

是母亲头上的那片天。
他们说那间陋室，
四壁空空，
只有真爱环绕在里面。
年少的你，
是黑夜里母亲床前的那盏灯，
是寒风中母亲心头的那份暖……

第六章　人民调解员洪婉足

人物传奇

　　洪婉足，女，1938年7月出生，中共党员。1985年，洪婉足因病提前退休，在街道领导和居委会老主任的盛情邀请下，洪婉足来到了居委会，开始了她长达16年的居委会工作。年近70的洪婉足离岗后，仍积极参加社区活动。2007年洪婉足被街道、社区、居民三方一致推举为"洪老师会客厅"的主持人。在这里，居民们通过资料收集、集思广益等方式为自己动手建设和谐社区提供了许多可行的行动方案。

第一节　全心全意为居民服务

　　浙江杭州长征桥社区从过去的"五多、五少、两差"的农居混杂型社区变成为现在的和谐型社区，社区建设方式由原来的政府主导型转变成为现在的双向互动型，这些成绩和转变包含了洪婉足多年的汗水和奉献，她个人也因此于2009年被评为"全国志愿服务工作先进个人"。

　　现在她依然每天坐镇"洪老师会客厅"，与居民一起为社区的建设出谋划策。

　　说起社区人民调解工作，说大不算大，说小可也真不算小。社区里邻里之间、家长里短，舌头碰了牙的事可真不少。

　　处理得好，就两好嘎一好和谐了，处理不好往往会拳脚相加，棍棒全上，成了刑事案件的事例也有，最普通的也会造成邻里鸡犬之声相闻老死不相往来。

洪婉足老师作为长征桥社区的老书记，在退休后开设了洪老师会客厅，帮助居民调解矛盾。

洪老师会客厅在居民心中的地位非常高。她已经帮助社区里的居民解决矛盾，为社区的和谐作出了不少的贡献。

为了肯定和表彰洪老师一年的工作，杭州市司法局将洪婉足评为"2010年度杭州市先进人民调解信息员"。洪老师说荣誉是对我工作的肯定，也是对我的鞭策，今后将更充分的发挥洪老师会客厅在社区人民调解工作中的作用，服务于民。

让群众满意

洪婉足十六年如一日身系岗位、心系群众、情系社区，充分展示了共产党员的优秀品质，塑造了新时期基层党员干部的崇高形象，体现了"三个代表"的要求。近日，拱墅区委号召全区党员干部和群众向洪婉足同志学习。

1985年，洪婉足因病提前退休，从远在千里之外的福建来到被称为人间天堂的杭州。

然而，她所居住的长征桥居民区却是杭城北部的老棚户区，地处偏僻，农居混杂，是一个"五多五少"的居民区。

社区行为文化

在社区内，定期或不定期地举办丰富多样的活动，如文化节、歌咏比赛、晚会、体育运动、趣味沙龙、郊游等，把分散的业主们组织起来，增强社区凝聚力。把尊老爱老作为一个重点，增进老年人交往和交流，增进业主间的感情。同时，物业方面可创办文明业主学校，实施业主教育计划，开办家政、书画、园艺等学习班，提高业主文化修养。

五多：一是老房子多。350多户居民中除了70户住在配套的楼房里外，其余都住在年代久远的木结构民房中。

二是老墙门多。拥挤嘈杂，极易产生邻里纠纷。

三是老人多。60岁以上老人占总人数的22%。

四是帮教对象、精神病患者残疾人多，给辖区治安带来沉重的压力。

五是烂泥臭水沟四害多。

五少：钱少，绿化少，公共设施少，社区服务少，文化活动少。当时，街道领导动员她到居民区工作，她没有答应。

心想：教书育人一辈子，到老还要与婆婆妈妈的居民打交道，何况又是一个脏、乱、差的居民区。

在街道和居民区一再动员下，她只是答应帮帮忙、试一试。她开办"小学生校外辅导班"，得到居民群众的认可和支持，使她感到莫大的欣慰，增添了勇气和信心。

从那时起，她便成为长征桥居民区的一名居民干部，这一干就是16年。

当问及她为什么最后留下来做居民区干部时，她回答得简单而又意味深长："因为居民群众需要居委会干部，需要我们的工作。"

洪婉足一上任就着手解决居民普遍关注的脏、乱、差问题。在长征桥居民区有一条"龙须沟"，几十户人家往里倒马桶，有5家单位向沟里排水，整条沟长年污秽不堪，居民怨声载道。

洪婉足到处写报告反映情况，与多个厂家联系。终于争取到区里和厂家的支持，治理了臭水沟，把明沟改为暗沟，并在上面种上花木；居民区没有一所公厕，居民生活很不方便。

洪婉足多次与邻近村里协商，要村里把他们原来放粪桶的地方让给居民区建厕所，从此以后，居民区有了公厕。

消防安全是居民们反映强烈的一个问题。长征桥老房子多，在一些墙门里、楼梯下、天井边都堆满了杂物。火险隐患严重。解决消防问题需要钱。

没钱，她就发动居民先搬掉堆积物，然后再给居民所在单位发信，说明情况，请单位帮助。

一个月不到，有9家单位送来了43只灭火器。有了灭火器，洪婉足还在居民区建立了一支义务消防队，请消防队官兵和油库工作人员来辅导灭火知识。

同时还争取区房管局出资12万元,为165户旧房改造电路,给280户人家配备了家用灭火器,购买了1台大功率消防泵,扎实的工作使长征桥被区里确立为消防规范化管理示范点。

社区服务是长征桥老居民区的薄弱点,尤其是群众看病求医很不方便,打个针、挂个瓶都要跑好几里地。

洪婉足心里十分难过,总认为自己工作没有做好,下决心要把群众看病的事解决好。

为此,她把居民区的商业用房腾出三间,不惜减少直接经济收入一万多元,建立了医疗站,请区里的红会医院派一名护士来打针挂瓶,一段时间下来很受居民欢迎。

后来居委会又请医院派了一名全科医生,现在长征桥居民区这个医疗站不仅是打针挂瓶,而且中西医、内外科、急救、输氧、甚至家庭病房,门类齐全,基本上满足了居民求医看病的需要。国家卫生部领导视察后,也给予了很高的评价。

医疗站的建立,最大的受益者是居民群众,几年来,有5位居民因为医疗站抢救及时,挽救了生命。

有一位叫方祥妮的老人为感谢医疗站救了她的生命,病愈后,每天烧三壶水送到医疗站,洪婉足任居民干部16年,为居民群众办的实事、做的好事不胜枚举。

发动群众参与文化活动

广泛发动群众是洪婉足做好群众工作的绝招。居民区夜里经常有小偷割破纱窗"钓鱼",把衣袋里的钱拿走。

　　洪婉足产生了封闭治安管理的想法。为了让绝大多数居民满意,她采取了从群众中来到群众中去"三上三下"的做法。先召开党员、居民骨干大会征求意见,再召开居民大会征求意见,在此基础上还给每户发一封公开信,让居民群众用打钩的办法自己决定封闭管理的方式、经费来源、关开门时间,把工作做深做细。

　　封闭前夕,居委会再发第二封公开信,告之封闭管理实施的开始时间及管理办法等,使之家喻户晓。

　　洪婉足认为居民区除了要有安全感、清洁感、舒适感外,还要搞好社区文化满足居民群众的文化生活需要。

　　有一年三八妇女节,洪婉足请了几位居民唱越剧,请一批小学生来表演节目,居民很高兴,说今年三八节过得特别高兴。有的一家祖孙二代同场跳迪斯科,这给居民群众带来了许多欢乐。

　　从1989年起,居民区每年举办乘凉晚会,每逢老人节、六一节、妇女节、母亲节、春节、元宵节,居民区总是组织开展一些丰富多彩的文艺活动。

　　如1997年居委会庆祝香港回归,不仅居民区上空挂了距回归一百天倒计时牌,组织五好文明家庭集体翻牌,居民区家家户户自制灯笼,6月30日晚挂到自家门口。

　　当回归的一刻到来时,长征桥整个居民区沸腾了,小路小巷成了灯的世界、人的海洋。

　　那一声声"香港回家了""香港回来了"的喊声,久久荡漾在居民区上空。

　　长征桥居民区由原来"五多五少"变成现在"五优五感":弘扬优良风尚,有文明感;营造优美环境,有舒适感;创造优良秩序,有安全感;狠抓优质服务,有方便感;优化文体生活,促亲切感。居民区先后获得省卫生先进居民区、市文明社区示范点、市安全文明小区等一百多项荣誉。洪婉足与居民群众建立了深厚的感情。

前不久,区里城建部门来人调查时,好多群众听说要拆迁,都说洪主任搬到哪里我们跟随到哪里,我们还住在一起。

1995年洪婉足胃穿孔住院,看她的居民络绎不绝,她感到十分欣慰,也给她无穷的力量。从平凡的居民区工作中,她找到了人生的价值所在。

第二节　洪老师会客厅

2007年,杭州小河街道党工委在针对长征桥社区弱势群体多、下岗失业人员多等现象,在原有长征桥社区"党员聊天室"基础上开设了洪老师会客厅,遵循"因人因事因时、事实为依据、法律为准绳、沟通心灵为手段、促进和谐为目的"的五大原则,通过"话聊"方式为辖区居民群众提供了一个解气释疑、畅谈民意的心灵舞台。

据了解,"洪老师会客厅"成立至今,共受理居民群众来访90余件,涉及家庭矛盾、邻里纠纷、小区物业管理、社区建设等内容,成了街道党建工作的创新品牌。

"洪老师会客厅"曾被评为浙江省十佳社区服务项目、拱墅区最受欢迎"社区服务业项目"。

2011年,作为资深"和事佬",洪婉足参加了建党90周年"和事佬"特别节目的录制,跨区为百姓调解矛盾纠纷。

曾经有这么一件纠纷让洪婉足印象深刻:一位家住小河佳苑南区91岁高龄的曹奶奶和儿子胡某一家拆迁前同住在小河直街40余平方米的房屋内,性质为公房,房产证上登记的名字为曹奶奶。

回迁时,儿子胡某借了近20万元进行房屋扩面。曹奶奶一家在小河佳苑分到两套房子,胡某将50余平方米的小套装修好给母亲

洪老师会客厅

会客厅目前拥有近20名固定成员,主要由洪老师领衔处理日常事务,社区各支部书记协助做好心理咨询,构建了"师傅"、"助理"、"实习生"三位一体的组织机构框架。

住,大套自己一家三口住,当时两套房子均未办理新的房产证。

考虑到儿子(曹奶奶的孙子)要成家,胡某劝曹奶奶拿出相关资料,待他办理完房产证后把大套房子卖掉以便更换大房子给孙子当婚房。因为母子素来不和,曹奶奶不同意。儿子脾气急躁,见母亲不答应,就威胁说要摔死曹奶奶。洪婉足详细了解情况后,"三进三出"做老人和其儿子的思想工作。

经过洪婉足耐心细致的劝说,曹奶奶最终同意交出身份证、私章、户口簿、拆迁协议等相关资料给胡某办理房屋"三证";大套房过户给孙子;小套房产证交由曹奶奶保管至老人"百岁"后归儿子所有。胡某答应出钱请保姆照顾老人的生活。2009年12月22日,洪婉足和社区干部一同将小套房的"三证"交到了曹奶奶手中,历时一个多月的房产纠纷至此画上了圆满句号。

2011年3月,"小河人文讲堂"开办。讲堂为公益性,以内容丰富、形式灵活、贴近生活为特点,每月开设一次课程,主要开展人文历史专题讲座、非物质文化成果展示与教学、民俗文化展演等形式多样的活动。如《传统文化中的信与义》、《与家庭教育》、《国学中的儒家与道家》、《人文地理中的运河文化》等。

另外,街道还聘请了10名在传统戏剧、民间美术、传统手工技艺等颇有造诣的民间艺人为小河街道非物质文化遗产项目代表性传承人,邀请他们在小河直街表演"绝活",通过开设讲座等传帮带方式,向社区居民和外来游客传授特色传统文化。

讲堂开办以来,共举办了5次剪纸艺术培训,2次摄影艺术展览,3次手工艺术制作,5次书法作品展示。

目前,民间剪纸艺术队、古运河畔葫芦丝队、小街越剧艺术队、小河文化舞蹈队、夕阳红腰鼓队等从人文讲堂走出来的群众性文化团队,经常在运河畔进行演出,为小河地区营造了市民"重学、善学、乐学、用学"的浓厚氛围。

在2011年，小河人文讲堂成为杭州市第一批运河学习长廊"市民悦学点"。

2008年，街道在"洪老师会客厅"的基础上试点成立了民主评议厅，继续由洪婉足担任主角，并邀请相关职能部门协调解决社区棘手问题。同年，将民主评议厅在全街道各社区推广。

民间"小法庭"成功解决过不少的棘手问题。社区居民吴某未经许可擅自占用小河佳苑23幢人防通道开设棋牌室。

由于棋牌室内人员复杂，使得原本安静整洁的单元楼嘈杂声不断，卫生状况很不理想，由此引发了23幢居民对吴某的强烈不满。居民多次通过会客厅与之协商，但是吴某均以下岗失业缺乏生计为由拒绝关闭棋牌室。

同年3月12日，社区邀请了工商、城管、公安等职能部门，参与该事件的协调与解决。

会上，洪婉足与党员、居民代表一起向与会人员陈述了棋牌室营业期间所产生的各种扰民事实；各职能部门向吴某宣讲有关法律法规，告诫他如果不立即关闭棋牌室将受到法律的惩罚；社区表示可以通过"社区招聘角"为他解决就业问题。

经过多方劝说和上门走访，吴某终于同意关闭棋牌室，23幢又恢复了往日的宁静与整洁。

金牌调解室实行驻所调解，24小时全天候服务，有效减轻派出所在承担民事调解方面的压力，建立了人民调解与治安调解"警民联调"机制。

同时针对经费问题，实行了"积分计奖"的激励机制。金牌调解室调解案件类型是纯粹的民事纠纷案件和因民事纠纷引起的治安案件。

金牌调解室的原则就是专人专业，最

社区服务的意义

加强和改进社区服务工作有利于扩大党的执政基础、体现政府的施政宗旨；有利于扩大就业、解决社会问题、化解社会矛盾、促进社会和谐；有利于不断满足居民群众需求、提高人民生活质量、促进人的全面发展。

直接最快地解决纠纷,不让纠纷进一步恶化。

老金还在调解中创出了"金牌调解法":没有法律可参照,就按社会公德来处理;换位思考、互相体谅;或解决思想认识、或解决实际问题等。

2010年5月,小河司法所、小河派出所与浙江金麦、浙江杭天信律师事务所建立了人民调解结对联调关系,由律师事务所派出专业律师驻所参与调解疑难纠纷,采取了专业化、规范化、社会化"三化"调解工作模式,实现了"三所合一",其成功做法被《杭州日报》、《钱江晚报》报道。

2009年至2011年3年间,金牌调解室共调解纠纷1104起。

"家庭医生"式服务

社区卫生服务站就在家门口,但居民往往有了病才上门,疾病预防这点还做得不够。

后来,长征桥社区成立了一个"甜蜜家园"俱乐部,社区楼道口张贴责任医师团队的联系牌,居民只要拨打上面的号码,就能找到这些"家庭医生",为居民提供医疗、心理等服务。

像长征桥这样的"家庭医生"式服务在杭州尚属首创。

长征桥社区名声最响的要数"洪老师会客厅"的主持人洪婉足了,她在社区主任和书记位置退休后,在会客厅内帮助解决居民心理咨询问题。12年前,她将社区一间10多平方米的房子改成医疗服务站,这在当年的杭州市是首家。

"受条件限制,这间房子内只能打针,但方便了群众。"洪老师说,现在好了,有医师主动上门为居民服务,居民可有福气了,现在这个梦终于圆了。

走入社区的医师为组团性质,分别有康复师、心理咨询师、中医师、计划生育师、营养师。

　　他们主要是小河湖墅地段社区卫生服务中心的医师。这些医师中大都具有中级以上职称。

　　他们将每月两次在社区内开展康复指导、健康教育、面对面的心理咨询和计划生育等服务。

　　"目前我们正在对社区内80多位残疾人进行调查，并为他们制定康复计划。"

　　小河湖墅地段社区卫生服务中心主任陈辉介绍，他们将根据调查结果决定医生上门次数。

　　这种服务将是长期的。在长征桥社区各楼道口，张贴责任医师团队联系牌，居民拨打号码就能找到这些"家庭医生"。

　　72岁的刘大伯患有糖尿病，平时最不喜欢去医院，但又不得不去，现在有医生上门了，他和患高血压的老伴都很开心。像刘老伯一样，医师进

社区,受到长征桥其他社区居民的欢迎。

但不少居民也有顾虑:联系牌上的电话能打通吗?他们会上门服务吗?这会不会是一种形式主义?

陈辉主任说,居民大可放心。因为上面的联系电话不仅有办公电话,还有医生的小灵通,"这部小灵通是医院给他们配的,要求24小时开通。"

中心还给每个团队配了一辆电动车,方便医师出诊,也缩短看病周期。与平时在医院坐诊一样,医生上门服务同样要接受绩效考评。有了这些保障,医生放心,老百姓更放心。

陈辉主任介绍,接下来他们还将在小河、湖墅两个街道共设立9个这样的医师团队,每队配备六七名医师,覆盖这两个街道12个社区,让更多人拥有"家庭医生"。

第三节　促进小河街道的繁荣

运河、小河、余杭塘河,三河交汇之处的运河人家就是小河直街。

小河街道,因小河而得名;小河直街,也让小河街道的声名远播,造就了人文小河、书香之地的美誉。

过去几年,小河街道始终贯彻落实科学发展观,围绕"建设现代化一流滨河型街道",努力将5.8平方公里的沿运河区域纳入了城市发展快车道,紧紧抓住重要战略机遇期,砥砺奋进、激情奉献,在小河发展史上留下了浓墨重彩的一笔。

2010年,小河街道经济实现平稳健康发展,产业结构调整取得重大突破;环境面貌大幅改善,以民生为重点的实事工程显著提升生活品质;各项社会事业统筹发展,党的建设全面走向科学化水平。

建党90周年,小河街道将围绕经济规模化、人居品质化、民生统筹化和党建科学化的"四化"目标,坚持好字当头、争字当先、干字为本。全面完成拆迁任务，全力打造准物业管理典范工程。深入推进"一街九品"社区建设，创建社区一流服务品牌。推进平安小河建设，构筑和谐、安定、幸福的社会环境。

党建是强基固本之源，是一切工作推进的保证。小河街道坚持以党建科学化为引领，以创先争优活动为契机，深入推进学习型党组织建设，打造党建工作"一街九品"，锻造一流干部队伍，加快建设现代化一流滨

> **社区服务特征**
>
> 社区服务不只是一些社会自发性和志愿性的服务活动，而是有指导，有组织，有系统的服务体系；社区服务不是一般的社会服务产业，它与经营性的社会服务业是有区别的；社区服务不是仅由少数人参与的为其他人提供服务的社会活动，它是以社区全体居民的参与为基础，以自助与互助相结合的社会公益活动。

河型街道，向建党90周年献礼。

小河街道党工委紧紧围绕建设学习型党组织的目标，巩固学习实践科学发展观试点活动成果，依托"书香小河"、"金色阳光"、"社工之友"三大读书社，倾力打造"书香社团"读书品牌，形成了机关处处闻书声、社区家家飘书香的"大学习"局面。

小河街道党工委推行机关学习外包，邀请专业培训机构打造全新学习课程，并结合社区教育数字化"一键通"工程，领导班子为全体党员上党课，丰富和深化学习型党组织建设的形式和内涵。

小河街道创新思路、大胆实践，创新社会管理新模式，开设了一个与民互动的好载体——名嘴论坛，努力尝试自创自办民间访谈节目。通过名嘴论坛访谈节目，同居民群众面对面、心连心，激发居民努力营造幸福美满、和谐美丽的生活家园，搭建政民互动的平台。

小河街道党工委坚持落实科学发展观，开展创先争优活动，打造小河直街基层党建样板小街，将党组织建在文创园区上，深化董家新村等退管党支部的作用，建设一批党建样板工程。

小河街道党工委把创建小河直街历史街区"小河党建样板街"作为今年党建工作的重要内容之一。

小河街道在小河直街上建起的小河社区党员服务中心，占地300㎡，

布局合理、设施齐备、管理规范，颇具历史人文特色，为社区党员群众开展文体娱乐活动、集中学习教育提供阵地平台。

小河街道还在小河直街建立党员服务站和党员责任区，成立小河商圈党支部，依托"网组片"工作，把党建触角延展到小街原住民及商铺。以"党员先锋岗""党员示范岗"等形式，提高在职党员参与小河直街品牌建设的积极性。

通过"小河E家党建园""小河社区党建"及"小河直街"三大微博平台，实时更新小街动态，助力小街历史文化的多元化、国际化传播。

小河街道积极响应全国文明城市创建，发动小街党员亮身份、比奉献、做表率，启动"文明创建，党旗飘扬"红色志愿者活动，成立了小河文化舞蹈队、小河越剧艺术队、小街党员志愿者服务队、治安巡逻队、夕阳红腰鼓队、古运河畔葫芦丝队、历史文化民间保护队、小河法律援助队、消防安全服务队等9支志愿者服务队，让党徽在小街闪光。

后来小河街道党工委通过实地走访、调查摸底、问卷征询、员工座谈等多种方式，找到文创企业党员24名，先后组建了丝联166创意园区党总支和唐尚433创意园区党支部，并专门配备3名党建工作指导员协助开展工作。

通过整合丝联166文创园区现有场地资源，建立了"理想·党员之家"，作为文创园区党建活动主阵地和总载体。

针对园区党员85%以上均为80后高学历党员的实际，街道党工委还专门建立了"小河E家党建园"QQ群，实现支部活动、时事热点的网上即时通告、即时讨论。

在QQ群空间专门开辟"文创党建专栏"，进一步打造党员的网上组织生活阵地，促进党员的在线学习和交流。

此外，街道党工委还将通过"社园共建"模式，发动丝联166党总支、唐尚433党总支分别与紫荆家园社区、余杭塘路社区建立"联结纽带"关系，实现组织共建、资源共享。

草根神话

构建"党建园QQ群"、"党建专栏"、"党员之家"构成的"三位一体"党建网络服务。

丝联166文创园区拥有建筑、设计、策划、摄影等多种类型企业,接下来,园区将成立"小河文创园区企业联盟",共谋发展。街道党工委还开展"激情理想、文创先锋"创先争优活动,激励党员爱岗敬业、带头奉献,争当"园区创优模范"。

社区服务作用

对社区物质文明与精神文明建设有着很大的推动作用;可以使社区成员拥有更多的公共服务、社会福利和闲暇时间,让人们从沉重的家务劳动中解放出来,提高人们的生活质量。

目前街道有市级"双品牌"建设培育点两个(董家新村社区党委、丝联166创意园区党总支),区级双品牌培育点五个(长征桥社区党委、杭州赛诺菲安万特民生制药有限公司、杭州西湖台钻有限公司、杭州丝联实业有限公司、杭州朱养心药业有限公司)。

以董家新村社区为试点,小河街道党工委在"支部建在楼道"的基础上,进一步优化调整社区党组织设置,2009年提出了"支部建在退管小组上"的构想,形成了以"社区党委——退管小组党支部——退管小组党小

组"为主的基层党组织设置方式,并在全市范围推广。

经过调整,小河街道9个社区共建立党支部82个,其中退管小组党支部52个,占63.4%;混合党支部22个,占26.8%;其他类支部8个,占9.8%,形成以"社区党委——退管小组党支部——退管小组党小组"为主的基层党组织设置方式。

退管小组党支部的建立,切合了企业退休人员社会化管理改革、退休职工党员大量涌入社区的形势,提高了党员教育管理和服务工作的针对性。

以董家新村为例,该社区党员骨干、党支部书记利用党员议事厅,充分发挥党组织和党员作用,群众问题党员帮。通过议事会,做好社区党员教育宣传工作,增强企业退休党员的荣誉感、责任感和归属感,成为党建强社的一大精品项目。

深化"一街九品"社区党建品牌纵深推进"网组片"。

围绕打造"一街九品"街道党建特色,小河街道党工委扎实推进"网格化管理、组团式服务、片组户联系"工作,推动社区党建深入开展。截至目前全街道设单元网格9个,管理片区56片,服务团队53支,累计发放民情联系卡19 000余张,基本实现了民情网络全覆盖。

温馨和谐型、服务保障型、绿色清静型、文化学习型、健康型、平安型、多元共建型、关爱型、历史文化传统型等9个特色社区已初步形成。其中还涌现出不少社区党建品牌。

社区服务中心内设立固定场所,配备多媒体播放设备、沙发、圆桌、盆景、阅报架等基本设施。

全国志愿者服务工作先进个人、退休老居干、社区党支部书记洪婉足,带领会客团队(包括社区党委成员、各支部书记以及全体社区工作者),凭借丰富的社区工作经

社区服务作用

可以使人们更集中精力从事生产劳动和其他社会活动,创造出更多社会财富;通过广泛群众参与,会培养出一种高尚的社会道德与社会风气;有利于早期人们的主体意识,协作意识,法纪意识和文化意识,有利于提高人的素质。

验,遵循"因人因事因时、事实为依据、沟通心灵为手段、促进和谐为目的"四大原则,以"话聊"的方式解决居民矛盾,畅通民意。

洪老师会客厅被评为浙江省首批优秀社区服务项目。

阳光大讲堂是践行科学发展观探索党群沟通新平台的创新工程,极大程度上畅通了基层党员群众的民意渠道,被评为全国优秀志愿服务品牌项目。

大讲堂邀请各级领导、党校老师、各界专家、社区群众主讲,讲题内容涵盖社区工作、重点工程项目、时政法规、生活常识等,党员骨干带动,丰富多媒体课堂、虚拟讲堂、阳光论坛等形式。

民生21健康俱乐部倡导居民群众健康生活,由社区党员干部带动,与民生药业、医院、社区卫生服务中心共建,通过"宣传橱窗""健康夕阳厅""健康休闲亭""健康活动苑"等载体,活动范围涵盖手工编织、腰鼓、徒步、越剧、老年大学等,丰富了社区居民的健康生活。

成立于2005年5月的书画社以社区党支部为龙头、由党员书画爱好者自发组建的团队,目前已初具规模,并成功举办了庆祝建国60周年等主题展四次,内容涵盖书法、绘画、摄影、篆刻等多个领域,充实书画爱好者的老年生活,并于2011年度获得"杭州市先进社区社会组织"的荣誉称号。

在广大社区党员中积极推行"勤奋工作敬业岗""服务群众奉献岗"的"一员双岗"制度,力求社区工作水平和质量进一步提高。街道通过开展"串百家门,知百家情"岗位练兵、"社工之友"读书社交流、"小巷总理"演讲比赛和"社工日记"等活动,不断提高社工的实际工作能力和综合素质。董家新村社区的"4050"助老助残站延伸一员双岗内涵,"一岗解两难",开启了全国居家养老工作的新模式。

在社工党员队伍中积极倡导"五心"服务:接待群众咨询"热心",调查住户情况"细心",听取群众意见"耐心",对困难搬迁户安置"关心",对矛盾解决"尽心"。

在小河街道，活跃着一支"阳光监督"服务队，源于塘河新村地区的庭院改善。

在庭院改善中，具体怎么改，社区从居民中选出了一批德高望重、社会经验丰富、热心社区公益事业的人员担任民间庭改办成员，成为沟通居民、施工方和政府的桥梁，也让庭院改善成为政府满意、群众满意和施工方满意的民心工程。

> **社区服务中心**
>
> 社区服务中心属于城镇居民自治组织，但其工作往往与政府有所关联，且工作人员基本为社区居民选举产生，部分社区工作人员由政府发放生活补贴，所以它不属于事业单位，是政府出资购买的医疗服务，，有一些的社区服务中心带着小小的营利性质。但是，他们是为城镇居民服务的。

小河街道借鉴了"民间庭改办"的理念，成立了小河街道"阳光服务"督查队。这个"阳光服务"督查队共有67名同志，分为9个组。其中机关设一个阳光服务督查组，每个社区各设阳光服务督查组。

阳光督查队成员由各级人大代表、政协委员、纪检监察人员、社区党员、老居干组成，有许多人是原先的街道"民间庭改办"成员。

洪婉足，既是小河街道长征桥社区"洪老师会客厅"掌门人，又是社区"民主评议厅"的召集人，她还有了一个新的"头衔"——小河街道"阳光服务"督查队长征桥社区督查组组长。

"现在，社区工作人员有没有擅离职守，上班期间有没有上网聊天、炒股、玩电脑游戏，中午有没有喝酒，社区购买1万元以上的物品有没有招投标，我都要问一问了。"洪婉足说。

据悉，阳光督察员督查中发现的问题，可以随时向社区党委和街道纪工委反馈，对于工作出色的阳光督察员，小河街道还将定期给予表彰奖励。

小河街道党工委巩固廉政教育试点成效，深化公职人员岗位廉政教育，完善"阳光服务"监督机制，编印了《小河街道公职人员岗位廉政教育资料汇编》。

采取"三定、五公开"模式全面推进党务公开，扩大党内民主。整合"阳光小河"服务监督队,成立社区党组织换届选举督察队,对社区基层组织的"公推直选"工作进行全程监督,参与人员共计201人次。

开展创先争优公开承诺活动,1009人通过签订承诺书、网上承诺、短信发布、宣传栏张贴等方式进行了公开承诺。开展党员八小时外监督试点社区。

第七章　社区民警的骄傲孙炎明

　　孙炎明，浙江省东阳市看守所民警，1995年6月入党，大专文化。孙炎明同志从警29年来，恪尽职守，无私奉献，2004年5月被确诊脑癌后，以顽强的毅力、超越生命的执著，坚持与病魔抗争，把全部精力和心血献给了公安事业，以实际行动诠释了一名共产党员的优良品德和高尚情操。曾被评为"感动中国"2010年度人物、公安部"2010警界骄傲"、"浙江骄傲"2010年度最具影响力人物。

第一节　警界的"保尔"孙炎明

先进事迹

　　孙炎明从警三十年来，对党和公安事业无限忠诚，立足本职，恪尽职守，默默耕耘，无私奉献，把公安工作当作自己的事业；他牢记宗旨，情系人民，仁心宽厚，平等对待在押人员，教育挽救了一大批失足人员；他为人和善，乐于助人，干净干事，不图名、不求利，自觉遵守各项规章制度，从不向组织提任何要求。

　　尤其是他身患重病，从容淡定，珍惜生命价值，始终保持快乐向上的心态，顽强与病魔抗争，一直战斗在公安基层一线，把全部精力和心血奉献给了公安事业，自觉践行"忠诚、为民、公正、廉洁、奉献"的人民警察核心价值观，以实际行动诠释了一名新时期人民警察、基层公务员、共产党

任务"服务"

任务"服务"是社区的责任,社区服务中心是协助他人克服个人和社会问题,促进人际关系,从而改善生活环境,生活矛盾的机构。社区服务中心以"情系社区,服务万家"为宗旨,随时为居民提供优质服务。

员的优良品德和高尚情操。他先后荣获"金华市优秀人民警察""浙江公安百名优秀基层民警""金华市十佳实干型干部""浙江省优秀人民警察""浙江十大法治新闻人物"公安部"2010警界骄傲"等荣誉,并荣立个人一等功1次,个人三等功3次。2010年,又被评为"浙江骄傲"2010年度最具影响力人物和"感动中国"2010年度人物。

正值孙炎明同志生命和工作的黄金时期,2004年3月,他经医院诊断患有脑癌,面对穿了20多年的警服,他慢慢地调整心态:既然病魔已经来临,就直面它,精神上绝不能被它击倒。

他三次大手术,三闯鬼门关,始终保持一种积极向上的人生态度,快乐工作,快乐生活。

2007年6月份,经过杭州医院检查,医生告知他的病情有所恶化,叫他立即停止工作,在家休息养病。面对组织和医生的劝告,他说:默默地在家里等死,还不如在工作上干死。

所领导提议:"你想来就来,具体岗位就不要安排了,协助其他同事做做工作。"

孙炎明说:"那不行!我都没有把自己当病人,希望你们也不要把我当成病人,一个萝卜一个坑,一个人顶一个人用,我的生命延续一天,就要干好工作一天。"

2007年11月,新上任的何所长第一次找孙炎明谈话,"老孙,工作能干多少就干多少,吃不消的话,随时提出来,不要硬撑着。"

孙炎明说:"我自己很清楚,老天留给我的日子不会很多,你如果让我休息,让我去整天想着病情,愁都要把我愁死。我正因为有这份工作,才感到快乐,才使我的生命延续到现在。我不要组织照顾,工作有什么难事尽

管分配,千万不要把我当病人看待。"

孙炎明始终认为,自己在监管岗位上工作多年,有一定的管理经验,经常主动要求把一些难管、不服管的在押人员放到自己的监室。他相信在押人员扭曲的心灵在自己的细心、耐心、诚心和爱心管教下肯定会有感化。

安徽人叶某因杀死妹夫并分尸,2008年1月进了看守所,叶某意识到死期已近,经常不服管教、屡犯监规。

叶某起先并不在孙炎明的监室,在孙炎明的强烈要求下,叶某调到他的监室。通过了解叶某的成长经历,分析他的内心世界,剖析他的犯罪过程,孙炎明开始有针对性地找他交心谈心,耐心引导。同时,生活上给予关怀。

一段时间后,叶某的情绪渐渐平稳。但一封家信使他暴跳如雷,家人的指责使他悔恨、惶恐,万般情结纠结在一起,叶某想到的是早点死。"我知道你现在想什么。想一死了之,是吧?"孙炎明把话挑明了说,"但是你这样死,对你妹妹及一家人有什么意义?你要做的是如何还这份债!"见叶某无语,孙炎明进一步说道:"如果你在押期间有重大立功表现,死刑是可以减成死缓的,死缓也可减为无期乃至有期徒刑。"

当第三天孙炎明再次找到叶某时,叶某表示:"孙管教,我知道你身体不好,但仍这样关心我,我向你道歉,今后我一定遵守监规,服从管教。"叶某被执行死刑那天,孙炎明押送他到金华。临刑前他要求见孙炎明最后一面,含着眼泪说了临终前的最后一句话:"孙管教,给你添麻烦了,谢谢你,你的恩情来生再报"。

孙炎明分管的监室在全所始终保持两项最好:在押人员秩序最好、教育转化的效果最好。

作为管教民警,孙炎明始终认为,自己的工作对象是一个特殊群体,他们曾经危害社会,如何让他们认罪服法、改造自我、重新回归社会是自己的责任。

2010年湖南人文某，因涉嫌抢劫于2009年3月被刑事拘留。文某怕被法律严惩，内心恐惧，但表面装强，极不配合办案民警审查，拒不交待犯罪事实。

孙炎明不顾身体的严重不适，屡屡推迟复查的时间，用自己真心、诚心、热心，解开了文某心头的死结，最后供认伙同他人在义乌、宁波等地抢劫、盗窃作案30多起。

随着审判时间临近，文某情绪又起波动，文某说自己对不起同伙，是自己的交代连累了同伙。

孙炎明教育说："应该是他们对不起你，要不是同伙带你作第一起案子，你会落到这个地步吗？现在你主动坦白交代，在法官量刑的时候肯定会考虑的。"后文某被顺利审判。

在2009年，还有一次是一名东阳小伙子在杭州干了大半年，没挣到啥钱，怕两手空空回家被父母骂，坐车回老家东阳后，就到小巷内偷了辆摩托车，结果被抓，感到没有面子，一天到晚嚷着要自杀。

孙炎明把他叫出监室，扭过头让他看看后脑的疤痕，"我得的是脑癌，我现在跟你谈话，说不定明天就死了，可我今天仍要好好过。你还这么年青，知错就改，仍有美好的未来呢！"此后，这个小伙子打心底里佩服管教民警孙炎明。

孙炎明生病7年来，从来没有向组织上提出任何要求。

有一次，孙炎明向所长请假，说在老家乡下的老母亲身体不好，去探望一下。所长考虑到他的身体状况，要给他派车。孙炎明说："我自己坐公交车走。"

所长说："我给你派车，是希望你能早点回所做工作。"孙炎明没话说，坐上了公车。谁知，没过多久，驾驶员就回所了，原来孙炎明到车站后，还

是自己坐公交车走了。

2008年6月,孙炎明感觉身体不太好,找教导员请假,问所里老马的年休假是不是批了?

教导员说,老马家里盖房子,年休假已经批了。看出孙炎明心思的教导员说:"老孙,你的身体大家都知道,只要你感觉不舒服,你任何时候要休息,我们都会批给你的。"孙炎明说:"我没事的,所里本来最近人手就少,我还可以坚持,等老马回来我再休息。"

孙炎明没有惊天动地的英雄壮举,没有振聋发聩的豪言壮语,有的只是朴实的情怀和默默的奉献。一朝爱岗不难,几十年如一日地敬业爱岗才难,孙炎明难能可贵的做到了。对理想的执著追求,对事业与岗位的执著坚守,让他这个平凡的基层监管人民警察不再平凡。

第二节　干好每一天的工作

"我的生命延续一天,就要把工作干好一天!我的工作对象是一个特殊群体,能在有生之年,多挽救几个误入歧途的人,是我最大的心愿"。

6年前,孙炎明被确诊患上脑癌,先后动过三次大手术,可每当身体稍好一些,他就主动要求上岗工作,被同事们尊敬地称为警界的"保尔·柯察金"。

"我允许自己有一个小时的悲伤"。2004年春,孙炎明的左后脑勺出现肿块,有点红,有点痒。妻子张春香催了他多次,要他去看病,但因为看守所里工作忙,他拖了两个月才去医院,在门诊做了一个手术。几天后,孙炎明的主治医生詹晓洪打电话到他家里,想找张春香,没料到是孙炎明接的电话。他说话显得吞吞吐吐。

"我是当警察的,最擅长的就是戳穿谎言。没事的,你和我说实话。"孙炎明说。詹晓洪最

> **社区教育**
> 社区教育是社会发展和时代变革的产物。只有积极发展社区教育,把它纳入社会大系统,才能全面适应现代化建设对各类人才培养的需要。

后无奈地说:"脑癌!必须尽快再次手术!"

孙炎明说,得知病情,他在家里沙发上静坐了一个小时。一个小时后,他清醒过来,告诉自己:手术,然后战胜癌症!"这是我40多年来任悲伤蔓延的一个小时。唯一的一个小时。"孙炎明说。

即使是在医院治疗期间,孙炎明也相当乐观,甚至经常开导同病房的病友。

詹医生说,从医近30年来,还从来没有见过病人在面对癌症时如此坦然与豁达。但詹医生还是担忧:"老孙对工作太拼命了,最好能多注意休息。当年跟他同病房的几人都相继去世了。"

"这样正常地工作着,我才很快乐很充实"。面对记者的采访,孙炎明微笑着说:"其实,我没什么好写的,我所做的就是一名普通监管民警的工作。在别人眼里,我是脑癌患者,可以在家养病不用来上班,可在我看来,得了癌症没什么,我觉得这样正常地工作着,我才很快乐很充实。"他后脑勺上因手术留下的一块大伤疤,无声地诉说着主人的坚强、乐观和淡定。

考虑到老孙的病情,东阳看守所所长何一平曾对他说:"老孙,工作能干多少就干多少。吃不消的话,你随时提出来,不要硬撑着。"

不料,听了这话,孙炎明有些急了,说:"我自己很清楚,老天留给我的日子不会很多了。如果你让我休息,我就会整天想着病情,那样愁都会把我愁死。2004年我开刀时,与我同病房的几个人都已相继去世了。我正因为有这份工作,感到快乐,生命才延续到现在。我不要组织照顾,所里有什么难事尽管分配,千万不要把我当病人看待。"听了他的话后,何一平很意外,也很感动。

每天下班前孙炎明总会挨个监室巡查。看到自己负责的监室安全正常,秩序良好,孙炎明才会放心地下班。

"不要他们记住我,只要他们好好做人","虽说生病之后,自己的精力大不如前,大伙也都让我少干点。我想如果能在有生之年多挽救几个

误入歧途的青少年，那该是多大的功德呀。再说，如果不工作，我的生命不一定能延续到今天。"

在在押人员的眼中，孙炎明是他们的"贴心人"。

自调入看守所工作以来，每年的春节，老孙都跟在押人员一同度过。平时，在押人员在生活中遇到问题都愿意向他反映，而他也像一位慈父，认真仔细地了解情况，不厌其烦地做好疏导教育工作。孙炎明分管的两个监室，在全所始终保持着两个"最好"：在押人员秩序最好、教育转化效果最好。

> **社区教育发展**
>
> 社区教育逐步形成的发展轨迹，在我国，社区教育起步于80年代初期，它是在国家实行改革开放后，总结原有学校教育、家庭教育、社会教育相结合经验的基础上，借鉴国外社区教育的经验，从国内不同地域的实际出发，通过试点逐步发展起来的。

一个东阳小伙子偷了辆摩托车，被刑事拘留后，他想不开，孙炎明把他叫出监室，扭过头让他看看后脑的疤痕，问他："你可知道我这后脑的疤痕是啥回事吗？是打架打出来的吗？当然不是！是不小心跌出来的吗？也不是。这是开刀动手术留下的。脑袋上开刀动手术，够吓人了吧！我再告诉你更可怕的，我得的是脑癌，我现在跟你谈话，说不定明天就死了，可我今天仍要好好过。你还这么年轻，知错就改，仍有美好的未来呢！"孙炎明的一番直白，这个小伙子愣住了，羞愧地说不出话来。打那以后，他自觉遵守监规，再也不寻死觅活了。

孙炎明每年都会接到已在外地劳改的服刑人员来信，信中的内容都是感谢他的挽救。孙炎明说："我不要他们记住我，我只要他们记住我的话，好好做人就行。"

"我很幸福，说实在的，我们一家现在能够这样坦然面对，都是老孙的乐观态度在影响着我们。"孙炎明的妻子张春香说，看到丈夫笑对病魔，几十年来积下的辛酸劳苦，都化为欣慰与自豪。

孙炎明的家是一个不足90平方米的套间，一家三口住了20来年。房间里没有什么像样的家什，几件主要的家电都是上世纪八九十年代买的。虽然生活不算富裕,但一家人相亲相爱令人羡慕。

张春香在一所小学当教师,她对丈夫的工作给予了最有力的支持。她说,老孙是一个很淡定的人,对生活向来都没什么要求,平平淡淡、顺其自然就好。

在工作上,他从没有一句抱怨的话,从民警转变为管教也不挑剔。"跟孙炎明从结婚到现在,我觉得精神上很充实。"

至今,女儿仍念念不忘高考完毕去见父亲时的情景:病床上,父亲戴着眼镜悠闲地翻着书本,与她想象中插着氧气管、病恹恹的病人大相径庭。"爸爸今天还吃了一小碗饭呢!"女儿像发现新大陆似的欣喜地告诉母亲。父亲的坚强与乐观使她擦干了眼泪。

老孙手术后经常性地头痛,浑身无力。看着孙炎明每天面带倦容地回到家中,妻子心疼不已,有时免不了要劝说上几句。可妻子的劝说换来的是孙炎明一次又一次的坚持。老孙说,"既然去上班,就该尽心尽职,不能稀里糊涂混日子。

正在复旦大学读博士的女儿谈到爸爸时,说:"人最大的幸福是有人爱、有事做、有理想,我爸爸做到了!他总说他很幸福,因为警察这份神圣而崇高的职业,就是要把奉献作为自己的一种责任、承诺、精神和义务,让生命在奉献中得到升华。爸爸现在做的就是快乐工作、快乐生活,奉献自我、不留遗憾。"

第三节 感动中国的人民警察

1982年8月,孙炎明参加公安工作,二级警督。先后在东阳市公安局经济文化保卫科、城中派出所、城北派出所、预审科工作。现任市看守所监管民警。

孙炎明同志从警28年来,对党和公安事业无限忠诚,爱岗敬业,恪尽职守,默默耕耘,无私奉献,把公安工作当作自己的天职。为了使在押人员

消除对抗情绪,面对现实,勇于改过自新,他坚持做到以人为本,平等对待每一名在押人员,教育挽救了一大批失足人员,他分管的监所始终保持两项最好:在押人员秩序最好、教育转化效果最好。他为人和善,乐于助人,淡泊名利,为警清廉,从不向组织提任何要求。

尤其是2004年在被确诊为脑癌以后,面对绝症的威胁,他抱着"生命延续一天、就要干好工作一天"的信念,始终保持积极、乐观的人生态度,以超越常人的顽强毅力,克服病痛带来的折磨,忘我工作,与其他民警一样正常值班、分管监室,坚守岗位,把工作当成自己的生命。他先后荣获金华市"优秀人民警察"、浙江省"百名优秀基层民警"等荣誉称号,并荣记个人三等功一次。

颁奖词

重犯监室年年平安,而自己的生活还要经历更多风险。他抖擞精神,让阳光驱散铁窗里的寒冷,他用微笑诠释着什么是工作,用坚强提示着什么是生活。人生都有同样的终点,他比我们有更多坦然。

家庭生活

当老孙把心思全都扑在了工作上后,他对家庭的照顾自然就少了。尽管老孙和家人聚少离多,却始终风雨同舟,就算是罹患脑癌这样的沉重打击,老孙一家也是从容面对。

老孙的女儿说,"幸福就是有事做、有人爱",所以虽然被病痛折磨但老孙依然坚信自己是幸福的人。

老孙的女儿孙扬飞是复旦大学的在读博士生。平时在校攻读学位也很少回家。如果不是因为回家探望做手术的妈妈,这个普通的三口之家恐怕还难以相聚。得知女儿第二天就要赶回学校做实验后，卧病在床的张春香硬是撑起身子坐到了沙发上，为的就是请记者帮忙拍一张珍贵的"全家福"。

也许很多人不相信，结婚二十多年，孙炎明竟然没和妻子女儿拍过一张合照。

在妻子张春香的记忆里，孙炎明也从来没有陪自己逛过一次街。有一次，老孙破例上街购物，不是为了家人，而是为了帮一个在押人员买衣服。

"有的时候我还真的挺埋怨的，有必要这么去帮那些人吗？"虽然妻子有时候会埋怨，但还是一如既往地支持丈夫的工作，再加上女儿扬飞聪明好学，一家人其乐融融，老孙也几乎不用过问家事。

然而，就在2004年5月老孙被查出罹患脑癌后，和很多人一样，他对女儿却产生了"100个不放心"。

那段时间正值女儿高考，为了不影响女儿考试，老孙和妻子第一次在孩子面前撒了谎。

等扬飞高考结束去探望父亲时，几乎不相信自己的父亲刚刚经历过一次大手术。"爸爸生病之前和生病之后唯一的差别就是脑后少了一块头发，"扬飞说，"他从来不会去和别人说他生病了。"所以，当得知父亲刚经历过大手术之后，扬飞的惊诧神情可想而知。

虽然全家人都知道老孙患了脑癌，但他乐观的情绪无时无刻不感染着自己的家人。

如今，一家三口不去刻意回避癌症的事实，而是从心底里把老孙看作一个健康的人。

平淡的生活一如从前。当从父亲的同事口中得知在押人员都叫自己的父亲"孙爸爸"时，同样乐观阳光的扬飞乐呵呵地跟母

社区教育发展

从社区教育内部看，成人教育、职业技术教育的发生、发展，尤能说明教育社区化的必然性。社区学校（院）的发展过程，可以说是社区教育逐步成熟、功能逐步外显的过程。因此，90年代以来中国社区教育概念中的"教育"已不是狭义的教育。

亲张春香开起了玩笑，"难怪爸爸这么不关心他的女儿，原来他在外面养了这么多儿子，不需要我这个女儿了。"

孙炎明先后获得"全省百名优秀基层民警""全省优秀人民警察"等荣誉，荣获个人一等功1次、个人三等功3次。2011年2月14日，入选2010年度感动中国十大人物。

第八章　当代雷锋郭明义

郭明义,1977年参军,1980年入党,1982年复员到齐大山铁矿工作。历任鞍山钢铁集团矿山公司齐大山铁矿生产技术室采场公路管理员。先后任矿用大型生产汽车驾驶员、车间团支部书记、矿党委宣传部干事、车间统计员兼人事员、英文翻译等。郭明义曾先后获部队学雷锋标兵、鞍钢劳动模范、鞍山市特等劳动模范、全国无偿献血奉献奖金奖、中央企业优秀共产党员、全国"五一劳动奖章"等荣誉称号,是鞍山市无偿献血形象代言人。2012年3月2日,中央精神文明建设指导委员会授予郭明义同志"当代雷锋"荣誉称号。

第一节　影响一代人的劳动模范

人物简介

2011年9月20日,郭明义在第三届全国道德模范评选中荣获全国助人为乐模范称号。

1977年1月参军,并于1980年6月在部队加入中国共产党,曾被部队评为"学雷锋标兵"。

1982年1月,复员到鞍钢集团矿业公司齐大山铁矿工作。先后在矿用大型生产汽车驾驶员、车间团支部书记、矿党委宣传部干事、车间统计员兼人事员、矿扩建工程办公室英文翻译等岗位工作。1996年至今,任齐大山铁矿生产技术室采场公路管理员。

入党30年来,他时时处处发挥先锋模范作用,在每个工作岗位上都取得了突出的业绩。

从1996年开始担任采场公路管理员以来,他每天都提前2个小时上班,15年中,累计献工1 5000多小时,相当于多干了五年的工作量。

工友们称他是"郭菩萨""活雷锋",矿业公司领导则称因郭明义使整个"矿山人"的精神得到了升华。他20年献血6万毫升,是自身血量的10倍多。

1994年以来,他为希望工程、身边工友和灾区群众捐款12万元,先后资助了180多名特困生,而自己的家中却几乎一贫如洗。一家3口人至今还住在鞍山市千山区齐大山镇,一个80年代中期所建的、不到40平方米的单室里。

生平经历

1977年1月11日,时任鞍山军分区副政委的老红军余新元,亲手把郭明义送上了运兵的专列;1960年1月,在辽阳火车站,余新元还曾把另一个鞍钢矿山的小伙送上军列,他的名字叫雷锋。

当年尚显青涩的雷锋、郭明义,都曾代表各自的新兵群体发言,宣誓在部队做个好兵。这铮铮誓言,成为伴随他们一生的追求。送雷锋、郭明义踏上军列时余新元肯定不曾想到,这俩小伙竟然一前一后都成长为感动中国的人物。

从雷锋、郭明义作为普通战士的成长历程,可以清晰地感受到,正是人民军队这座大熔炉,锻造出了郭明义这样一位新时期的雷锋传人。

鞍钢齐大山选矿厂经警王尔忠,和郭明义是初中同班同学,当兵后两人又同在一个营。

他回忆说,从鞍山登上军列后,郭明义就

> **感动中国颁奖辞**
>
> 他总看别人,还需要什么;他总问自己,还能多做些什么。他舍出的每一枚硬币,每一滴血都滚烫火热。他越平凡,越发不凡,越简单,越彰显简单的伟大。

开始帮助列车员打扫卫生送开水。

火车走一路,他就忙一路。当兵那5年,郭明义做过的好事谁也数不清。郭明义参军入伍所在的老部队"钢铁英雄连",位于黑龙江省牡丹江市海林县的山沟里。

冬天,当地天气异常寒冷。每天早上,郭明义总是天不亮就起床,冒着严寒

> **劳动模范**
>
> 劳动模范简称劳模,在社会主义建设事业中成绩卓著的劳动者,经职工民主评选,有关部门审核和政府审批后被授予的荣誉称号。劳动模范分为全国劳动模范与省、部委级劳动模范,有些市、县和大企业也评选劳动模范。中共中央、国务院授予的劳动模范为"全国劳动模范",是中国最高的荣誉称号。

外出挑水。由于地面上结冰导致脚下打滑,水桶不时溅出水来,一洒在衣服上就结成了冰。王尔忠说,这种时候郭明义从来不叫一声苦。挑满水缸后,他又忙着砍柴、生炉子、烧水,就为了能让战友们起床后用上热水。自己班里忙完了,他又到别的班接着干,常常是全排的活儿让他一个人包了。

1979年云南发生大地震,听到这一消息后,郭明义专门请假,步行20多里路,赶到县城邮局,将津贴费寄往灾区。当时,郭明义每个月的津贴只有六七元钱。

当年与郭明义同在汽车连的战友赵逢连,还记得这样一件事:一次执行任务时,一名战友开的车出现故障,在冰天雪地里折腾了半天也没修好。

郭明义看到这一情况后主动停下自己的车帮忙。"你累了半天了,去车里歇口气,暖和暖和,修车的事让我来。"说罢,郭明义冒着零下40摄氏度的低温钻到车底。

由于穿着大衣,干活不方便,郭明义干脆脱下大衣,躺在厚厚的冰雪上一修就是40多分钟。等到故障排除时,满脸满身都是冰碴子的郭明义,已经被冻得站不起身来。

郭明义所在的部队,前身是粟裕将军的警卫营。无论在战争年代,还

是在和平时期，67师一直英模辈出，仅荣立过二等功以上奖励的就达200多人，还涌现出了"爱民模范"金遗华、"人民的好儿子"刘英俊等一批闻名全国的先进典型。

当年带郭明义的老连长蔺传芳，12次荣立三等功，被誉为"老矿工"。郭明义当兵那5年，天天接受这些身边典型的熏陶，肯定错不了。

当兵5年，郭明义从一个青涩小伙成长为一个好兵：种过菜、喂过猪、做过饭，干的全是脏活苦活。

然而，在每一个岗位上，郭明义都干得非常出色，综合素质提高很快。入伍第二年就被评为师学雷锋标兵。

1980年，郭明义在30多个同年度兵里，第一个入党。他还先后5次获得嘉奖，被师里评为"优秀团员"。老指导员康玉久回忆说，郭明义在师汽训队当炊事员时，每次做完饭，一有时间就看书学习。一天晚上熄灯后，他去查铺，发现郭明义居然打着手电，躺在被窝里兴致勃勃地看驾驶书籍。正是靠着这股子钻劲儿，当炊事员一年下来，郭明义将驾驶理论背得滚瓜烂熟，凭着记忆就能把汽车电路图画下来。第二年参加驾驶培训后，他又一举夺得理论和实际操作两项第一。

由于专业技能突出，汽训结束后，郭明义被分到师汽车连。郭明义一下连，连队就放他"单飞"独立驾车出任务。

谈起老连队，郭明义特别自豪：全汽车连104台车，无论啥时候，停放都是横竖一条线，车体表面擦得干干净净。老指导员康玉久说，那时候，部队条件特别艰苦。

1979年，部队拉到边防常年执行紧急战备任务，半个月吃不上米饭、一个月吃不到菜是常有的事。在这样的环境中，郭明义一待就是两年多，从来没有叫过苦。"不是我一

献血可提高造血功能

因为自胎儿出生后，骨髓就成为主要的造血器官。随着年龄的增长，造血功能和血细胞生成率逐渐下降。献血后，由于血细胞数量减少，对骨髓产生刺激作用，促使骨髓储备的成熟血细胞释放，并刺激骨髓造血组织，促使血细胞的生成，经常按规定期限献血，就可使骨髓保持旺盛的活力。

个人不叫苦，而是所有的战友都没叫苦。"郭明义说。

几年下来，郭明义执行各类运输任务数百次，每一次都圆满完成。

郭明义离开部队那么多年了，郭明义干工作依然是这股子劲头。郭明义总是说：部队是个大熔炉，进去是铁，出来是钢；只要不怕苦，总能炼成钢。

> **劳动模范的可贵精神**
>
> 社会学家艾君认为，劳模精神，实际它折射出一个时代的人文精神，反映出一个民族在某一个时代的人生价值和思想道德取向。它简洁而深刻地展示着一个时代的人之精神的演进与发展；它凝重而浪漫地体现着一个民族的时代的思想与情愫。

退伍时，郭明义带了一件纪念品——一本1973年版的《雷锋的故事》。这本书，他珍藏至今，时不时还拿出来翻阅。

1981年，郭明义退伍离开部队之际，时任连长蔺传芳对他说，"你要记住，你是在部队入的党，是师里培养的学雷锋标兵，回到地方要保持部队的优良作风，可不要给部队丢脸呐！"郭明义说，"请连长放心，我到地方工作后，一定像在部队一样，高标准、严要求，做就做到最好。"郭明义在部队时的老连长蔺传芳2010年9月初来到鞍山，在采场，两位战友相拥而泣。"郭明义，你做得很好，没给部队丢脸。"

第二节　严肃认真的工作态度

1981年，郭明义从部队退伍回到鞍钢，回到鞍钢齐大山铁矿后，郭明义先后从事过6个不同的工作，从大型生产汽车司机到车间团支部书记，从矿党委宣传部干事到车间做统计员兼人事员，从英文翻译再到现在的采场公路管理员，无论在什么岗位上，他都以做到"最好"履行着自己的承诺。

在做大型生产汽车司机时，他创造了单车年产的新记录；任车间团支部书记期间，他所在的支部成为全矿的标杆；在宣传部任理论教育干事时,他撰写的党课教案在矿业公司评比中获得一等奖;在车间做统计员兼人事员期间,他参加了统计员资格全国统考,是当时矿业公司唯一获得资质证书的人。

1992年,国家"七五"重点建设项目齐大山铁矿扩建工程进入准备阶段,急需英语人才。不识"ABC"的他,硬是通过自学考入英语强化班进修一年。

1993年工程开工后,他担任了电动轮大型矿石转运车的现场组装英文翻译兼驾驶员,24小时为外方工程技术人员服务。一起工作3年,外方人员为感谢老郭对他们的照顾,多次要给他钱物作为酬劳。对于当时月工资200多元的郭明义来说,每一笔都是巨款,但他一笔都没收。

"这是我的工作职责,做好了是应该的。"他对外方人员说。外方人员因此更加敬重他。

合作归合作,感情归感情,在原则问题上老郭一点都不让步。虽然电动轮的进口备件质量检验不归他负责,但每次对着备件做翻译时,他都要认真检查一遍。他前后共发现了5台电动轮质量问题,最终让外方赔偿了10万美元。一件件小事让外方人员看到了老郭的能力与品格,对他更加敬佩。

1995年的一天,郭明义要去鞍山市希望工程办捐款,来自澳大利亚的艾伦知道后被郭明义的行为所感动,当即和他一同到希望工程办,为两名岫岩的孩子捐了款。

一家外国公司的中国区总管通过在现场的长期观察了解,对郭明义的敬业精神、技术能力和高尚品格非常赞赏,两次力邀他到他们公司的中国区公司任职,并承诺可以给他当时工资6倍至7倍的报酬,然而,郭明义不为所动。

他说,"国家培养了我,企业出钱让我去学习英语,学完后我去外企工

作,这合适吗？"

采场公路管理员,负责全矿采场公路的规划设计、检查验收和管理考核,准确地说是个技术干部岗位,很多事情坐在办公室里打个电话就可以完成,隔些天去趟现场考察督察一番就算勤劳、负责的了,但老郭不给自己找轻松。

司机胡松说:"人家本来是派来监督俺们的,可人家硬这么和咱一起干,真干,干得比咱还多,咱们有啥说的？""有必要这么做吗？"有人问郭明义,他淡定地说:"要不这么做,心里就不踏实。"

采场公路是一条条几乎每天都随矿石剥离开挖在变化、都得修整的外运路。

从高处远远看去,这些公路行云流水般刻画在逐级下沉的矿坑采面上。但当走近了,路面就没有那么美了,实际上,这些所谓的公路是由碎矿石铺成的,人走在上面一脚深一脚浅,雨雪天是泥浆绊脚,刮风的日子则飞沙走石。

这里没有任何遮挡。由于矿山的作业面都是边形成、边生产、边消失,不能建固定的休息室,因此,无论是突降暴雨、暴雪,还是大风刮得人睁不开眼睛,对公路管理员而言,想找个遮风避雨的地方是没有可能的,而且越是恶劣天气,采场公路就越需要维护以保畅通。

采场里的气温,冬天时要比外面低5摄氏度左右,夏天则要高出10摄氏度左右。郭明义在这或寒风刺骨或热如蒸桑拿的环境中,每天工作10个小时以上。

夏天,黑红的脸膛会多次晒曝皮;冬天,耳朵经常被冻伤。除了辛苦,郭明义这样扎根采场,坚持每天和一线职工奋战在一起,还意味着他将自己放在了高危岗位。因为要直接参与修路作业,指挥平路机、推土机等修路机

劳模队伍的新变化

随着时代的发展,劳模的文化水平在提升,劳模的组成也在不断的变化。但不管身份怎么变,不管学识有多高、职务有多高,不管他们是,他们身上体现出的无私奉献顽强拼搏的精神是不变的。

具和大型矿用电动轮载重车通行，这些车辆每天都在他身边往来穿行。

露天采矿的电动轮载重车是庞然大物，最大的每台自重100多吨，载重190吨，车轮直径达4米，整车高度有6米，有15米左右的视野死角，一些矿山企业曾因此而发生过电动轮碾压面包车、小货车的事故。而郭明义每天都工作在这种庞大电动轮的

> ### 献血的好处
>
> 大量研究表明，健康的情绪可通过神经、体液、内分泌系统沟通大脑及其他组织与器官，使其处于良好的状态，有益于人体免疫力的增强、抵抗力的提高。而献血是救人一命的高尚品行，在助人为乐、与人为善的同时，也使自己的精神得到净化，心灵得到慰藉，工作与生活更加充实。

"身边"。

扎根采场15年，抢着最累最脏最危险的活儿干，制定出的养路技术标准、考核办法等均在国内领先，采场的主次干道路面维护质量逐年上升，星级公路达10公里，公路达标合格率98％。齐大山铁矿连年名列全国冶金矿山企业电铲、生产汽车效率第一名。

离开部队近30年，郭明义用一个个荣誉书写着他在一个个平凡岗位上创造的辉煌：鞍钢先进生产者、精神文明建设标兵、优秀共产党员、鞍钢劳动模范，鞍山市道德模范、特等劳动模范，辽宁省道德模范提名奖、希望工程突出贡献奖、辽宁省五一劳动奖章获得者、全国无偿献血奉献奖金奖、全国红十字志愿者之星、中央企业优秀共产党员、全国五一劳动奖章获得者，他所获的荣誉称号数不胜数。

第三节 "爱心"和"奉献"

献血模范

19年献血6万毫升，是他身体血液的10倍多。1990年，齐大山铁矿号召职工义务献血，郭明义立刻报了名。

郭明义说，看到对社会、对企业、对他人有意义的事情时，总会想到自己是一名共产党员。

这是郭明义第一次献血。也就是因为这次献血，他了解到他们献的血能挽救他人的生命，可血库却经常血源不足。从此，他年年坚持无偿献血，有时一年两次，20年了，从未间断。

时代需要更多的行家里手

劳模中占有相当数量的是这些从普通工人成长为技术人才的行家里手。他们的起点不高甚至很低，有的甚至没上过高中，但他们却通过不懈地学习钻研，成长为企业不可替代的专家，解决了实践中大量的技术难题，为企业创造了效益，更为自己的人生创造了灿烂的未来。

2005年，郭明义又开始捐献血小板，开始时从800毫升血浆中提取一个单位的血小板，后逐渐增加到从1600毫升中提取两个单位的血小板，每月捐献一次，已捐献40多次。

据介绍，一个体重75公斤的成年人，全身血液大约是6200毫升，截止到2010年上半年，郭明义已累计献血6万毫升，(平均每次献血1.1升，每年献血2.7次)，相当于他身体全部血液量的10倍多。

较大规模献血，郭明义组织了10余次，累计献血达到10万多毫升。

2008年，鞍山市第一支"无偿献血志愿者服务队"成立，郭明义被推选为队长。

资助贫困儿童

1994年，郭明义看了鞍山团市委希望工程办公室号召向濒临失学儿童捐资助学的电视短片，孩子们渴望的目光，深深刺痛了他。第二天，他向岫岩山区一名失学儿童捐献200元，10几天后，又给这孩子寄去200元。

此时的郭明义月收入不足600元，上有年迈的父母，下有正在上学的女儿，一家三口，挤在市郊上个世纪80年代中期所建的不足40平方米的单室里。

到现在,郭明义依然住在这里,月收入也就2000多元,但是,为了让更多的孩子走进课堂,他15年来,已累计捐款7万多元,帮助了100多名贫困儿童。

为了挤出钱资助贫困儿童,在很长一段时间,郭明义不吃午饭;上个世纪90年代,献血给点营养补助,这个钱他也捐了;连组织上给的各种奖励钱,他也捐了出来。

后来,单位怕给他钱就捐,干脆给办成购物卡,然而,他找同事、磨妻子,还是将购物卡换成现金捐出去;他很少买新衣服,一年四季都穿工作服。

在他家采访时,看着还是水泥地面、没有任何装修的"陋室",记者劝他也要善待自己和家庭。郭明义略加沉思地说:"接触不同的社会群体,就会有不同的人生思考。我经常接触孤儿院的孤儿、上不起学的孩子、生活困难的职工,和他们相比,我就感觉自己非常富足,我就非常想去帮助他们。"

收入微薄的郭明义资助了100多个孩子,然而,他知道还有很多孩子需要帮助。

2008年3月4日,他发起成立了以捐资助学为主要活动的"郭明义爱心联队",仅一年半时间,"爱心联队"的成员已经从开始的12人发展到30人,已资助了120多名贫困学生。

献血者血液化验项目

血比重筛选,硫酸铜法:男性大于1.052,女性大于1.050。血型定型:ABO血型必须正反定型相符。在有条件的地区或Rh阴性率高的地区,应做Rh(D)定型。肝功能检查:以丙氨酸氨基转移酶活力为指标,赖氏法测定应小于25单位。该指标不合格不宜参加献血,但不表示肝功能必定有问题。

工友的贴心人

说起郭明义,齐大山铁矿汽运作业区大型车司机张国斌说,那是我亲哥。电铲司机刘孝强说,我们全家一辈子都忘不了郭哥。

2006年夏,郭明义听说工友张国斌的女儿张赫得了白血病,立刻到医院去探望,还给孩子留下200元钱。郭明义知道,如果有能配

上型的造血干细胞,孩子就可能得救。

在矿工会的支持下,郭明义写了一份充满感情的倡议书,走进全矿机关科室和七十多个班组,声情并茂地朗读倡议书,又动情地唱起《爱的奉献》。

过了不久,郭明义又得知工友刘孝强儿子刘壮得了再生障碍性贫血,也同样需要合适的造血干细胞。

于是,他找到鞍山市广播电台交通台,带着张国斌,还有刘孝强的妻子邹玉红到交通台搞直播,向全市征寻造血干细胞。

郭明义的精神和两个孩子的命运,不知牵动了多少人的心,相继有1300多人,签字并捐献了造血干细胞样本。

记者在采访时得知,张国斌的女儿已经有了合适的造血干细胞,小张赫有希望了。

郭明义两次组织工友为刘孝强捐款近3万元,然而,钱很快就用完了,正当刘孝强一筹莫展时,郭明义想出了办法:用自己的医保本开药。郭明义也知道,这是违反规定的,然而,为了孩子,他顾不得了。

按照规定,用医保本开药必须本人来,郭明义无论多忙也天天跑医院,后来,医生被郭明义的精神所感动,也同情小刘壮的命运,破了例。医保本上有三千多元钱,全都用在了刘壮身上。

2007年,小刘壮走了,带着希望、带着对郭伯伯的感激走了。刘孝强说,在最困难的时候,郭明义给了他们全家战胜困难的勇气、希望和精神安慰。

对郭明义的行为,开始好多人不理解,甚至有人送他一个绰号"郭傻子"。可是,随着人们对郭明义的了解,知道他不仅不傻,而且非常聪明。

他凭着自学和进修学习,获得了大学本

献血后如何保护针眼

对针眼进行及时、正确的护理,将减少或避免献血后不良反应的发生。献血后应用消毒棉球盖好穿刺孔,以胶布固定,并用3个手指顺静脉走向压迫针眼5分钟。检查穿刺孔部位有无渗血或出血,如有出血应抬高手臂并继续压迫局部。为保护好穿刺孔不受感染,至少在4小时内不要取去穿刺孔上的敷料。针眼处1-2天内不沾水。

科文凭、4个专业证书，能讲一口流利的英语。1993年齐大山矿投资4亿元从国外购进电动轮汽车，他担任翻译。

20多年来，越来越多的人理解了"郭傻子"并和他站到了一起：鞍山市成立了第一支无偿献血志愿者服务队、第一支红十字志愿者服务队、第一支红十字志愿者急救队、"郭明义爱心联队"。

> **尊重劳模**
>
> 榜样的力量是无穷的。一个劳模就是一面旗帜，一个劳模就能影响周围一群人。在给这些做出巨大贡献的劳模们以精神奖励的同时，也要给劳模更多的物质关爱。特别是已经离开工作岗位的劳模，要受到应有的尊重。要让已经年老的劳模生活无虞、晚年幸福，享受到经济和社会发展的成果。

齐大山铁矿有职工两千多人，参加郭明义各种爱心组织的超过1000人，几乎占到全部职工总量的50%，参加这些组织活动的还有个体户、与齐矿有业务联系的私企老板……

郭明义和他的希望工程

50岁那年的郭明义是鞍钢齐大山铁矿生产技术室的一名工程师。走在通往齐大山铁矿采场的路上，郭明义的工作照挂在路边灯箱上，照片一旁还配有一句评价——"人生的价值在于奉献"。近距离接触这位爱心大使，记者深切地体会到他的爱心来自心灵深处，他在这种奉献中体味着幸福。

追溯郭明义的奉献善举，要从1994年说起。在电视里看到偏远山区的孩子辍学的新闻，看到希望工程的"大眼睛"公益广告时，他被孩子们企盼念书的眼神牢牢抓住了，内心受到强烈冲击，来自心灵深处的声音告诉自己"一定要为他们做点什么"。

几天后，郭明义怀揣200元钱走进鞍山市"希望工程"办公室，开始了他的"资助之旅"。

第一次资助，郭明义将200元钱捐给了岫岩满族自治县的一名男孩。几天后，一封感谢信放在郭明义办公桌上，歪歪扭扭的铅笔字诉说着受助者的家庭困境及感激之情。

看着信件，郭明义和妻子被这个家境贫寒却十分渴望读书的孩子深深打动了。他们又给孩子寄去了200元钱。

一个月的时间内，郭明义捐助了400元，而那时他的工资还不到600元。

在资助贫困学生的过程中，郭明义不仅捐助资金，还尽一切形式为学生提供其他帮助。

休息时间，他参加了市里组织的圆梦行动，为孩子送去三百余本图书及学习工具；得知汤岗子小学一名贫困学生需要一辆自行车上学的情况后，立刻把自己价值三千多元的凤凰牌自行车擦得锃亮捐给了他；快过年了，郭明义把崭新的衬衣连同200元钱送到千山区的一名贫困学生手中。

"做一件好事不难，难的是一辈子做好事。"从踏上"资助"之路起，郭明义的脚步从来没有停止过，最多时一年资助过6名学生。13年来，郭明义的爱心撒播在海城、岫岩及鞍山市区等地。

他先后资助了40多名贫困的小学生、中学生以及大学生，捐助资金达5万余元。

社会贡献

2002年，郭明义加入中华骨髓库，成为鞍山市第一批捐献造血干细胞志愿者。

2006年，郭明义成为鞍山市第一批遗体和眼角膜自愿捐献者。

2007年2月，鞍山市中心血站血源告急，向郭明义求援。征得领导的同意后，郭明义写了一份无偿献血倡议书，一个班组一个班组地进行宣传。3月2日这天，"齐矿"一百多名职工参加了无偿献血，总献血量达到2万

献血后喝茶禁忌

茶叶中含有较多的鞣酸，它易与蛋白质和铁相结合，生成不易被人体吸收的沉淀物，影响蛋白质和铁的吸收，进而影响献血者血细胞的再生。因此有饮茶习惯的朋友，在献血后的一个月内最好与茶暂时保持距离，可喝点果汁如猕猴桃汁、橙汁等，既可解解茶瘾，又可补充维生素和叶酸，以促进血细胞的再生。

多毫升。

一次来这么多人献血,完全超出鞍山市中心血站的预想,血站职工非常感动。像这样较大规模献血,郭明义组织了10余次,累计献血达到10万多毫升。

2008年,郭明义发起成立了鞍山市第一支红十字志愿者服务队、红十字志愿者急救队。

2008年12月,郭明义获得国家卫生部颁发的"全国无偿献血奉献奖金奖"。郭明义还经常向工友们宣传无偿献血的意义和相关知识,带动更多人加入到无偿献血队伍中来。

2008年3月4日,他发起成立了以捐资助学为主要活动的"郭明义爱心联队",仅一年半时间,"爱心联队"的成员已经从开始的12人发展到30人,已资助了120多名贫困学生。

2009年以来,他发起成立的遗体(器官)捐献志愿者俱乐部,已有200多名矿业职工和社会人士参与,是目前国内参与人数最多的遗体(器官)捐献志愿者俱乐部。

20多年来,鞍山市成立了第一支无偿献血志愿者服务队、第一支红十字志愿者服务队、第一支红十字志愿者急救队、"郭明义爱心联队"。齐大山铁矿有职工2000多人,参加郭明义各种爱心组织的超过1000人,几乎占到全部职工总量的50%,参加这些组织活动的还有个体户、与齐矿有业务联系的私企老板……

无偿献血

为了保证献血质量和对献血事业的管理,全国人大通过了《中华人民共和国献血法》,规定自1998年10月1日起,我国开始实行无偿献血制度。一个健康的公民,应当积极参与无偿献血。健康人献出的血液可以帮助失血者恢复健康。无偿献血是一种高尚的行为。

精神内涵

胡锦涛总书记指示,郭明义同志是新时期学习实践雷锋精神的优秀代表。这说明了,郭明义的精神实质就是雷锋精神在新时期的写照。

雷锋身上有爱心,也有奉献的

精神,因而,社会学家艾君认为,爱心"就是郭明义思想情操的写照;"奉献"就是郭明义行为上折射出的一种精神。

社会学家艾君在文章里分析道,郭明义身上似乎有双无形的翅膀,那就是"爱心"的翅膀,只要心中有梦就会飞翔;郭明义行为中有种"奉献精神",他以自己的行动为我们这个发展的社会多做点事情,为我们这个追求文明的社会奉献着道德。

郭明义正因为有了这种"爱心"和"奉献精神",才显得如此的高大,显得如此的受人尊重,引人注目。

艾君的文章里,首次将"爱心"和"奉献精神"概定为我们这个社会和谐发展的基础,提出了爱心"和"奉献精神"也就是我们最基本的民族精神。

艾君的文章里表述说,我们已经进入了21世纪,人类的文明之所以获得不断进步,社会财富之所以获得不断发展,就是在无数人显出"爱心",默默无闻地"奉献"智慧和力量中收获而来。

艾君强调,"春蚕到死丝方尽,蜡烛成灰泪始干","爱心"和"奉献精神",永远是一种文明社会发展中高尚的精神境界,是鼓舞和激励人们奋发向上的巨大力量。

有了这种精神,才能够坚定民族前进的信念,才能够振奋其民族不惜追求的精神,才能够凝聚民族的力量,不断构筑起我们和谐社会的大业。心中有爱,天地才宽。

让我们向郭明义学习,以"爱心"和"奉献精神",呼唤着人类朴实情愫的回归,呼唤着民族道德观念的进步,呼唤着人类的新文明的发展,呼唤着我们民族的振兴和祖国的腾飞。

第四节　新时代的道德楷模

个人荣誉

他先后荣获了齐矿先进生产者标兵、模范共产党员，矿业公司先进生产者、模范共产党员，鞍钢先进生产者、精神文明建设标兵、优秀共产党员、鞍钢劳动模范，鞍山市优秀义工、道德模范、无偿献血形象代言人、特等劳动模范、辽宁省道德模范提名奖、希望工程突出贡献奖、全国无偿献血奉献奖金奖、全国红十字志愿者之星、中央企业优秀共产党员等荣誉称号。

2008年7月1日，齐大山铁矿党政工作出了《关于开展向郭明义同志学习活动的决定》。

2009年7月29日，鞍钢集团矿业公司党政工作出了《关于开展向郭明义同志学习活动的决定》。

2010年4月26日，鞍钢集团公司党委、鞍钢集团公司作出了《关于开展向郭明义同志学习活动的决定》。

在2010年6月9日鞍钢集团公司召开的郭明义事迹报告会上，鞍钢集团公司党委书记、总经理张晓刚在讲话中称赞郭明义同志的先进事迹，集中体现了鞍钢优秀的企业文化、钢铁产业工人的可贵品质和中华民族的传统美德，是社会主义和谐社会的坚定实践者，是雷锋、孟泰精神的传承者，是新时代的道德楷模。

2010年8月4日，中共鞍山市委作出了《关于开展向郭明义同志学习活

抽血后会贫血吗

只要按规定的间隔时间参加献血，是不会引起贫血的。因为献血只是人体内可以再生的血液暂时少量减少，不影响人体血液的正常再生功能，献出的少量血液很快就会恢复。贫血本身是一种疾病，对于患有贫血的人，在献血查体时，就会体查出来。这种人是不能参加献血的。献血绝对不会引起贫血，相反，经常献血会刺激造血器官，增强器官，造血功能，有益于人体白细胞的再生。

动的决定》。

2010年9月21日，中共辽宁省委授予郭明义同志"优秀共产党员"称号。中共中央组织部决定，授予郭明义同志"全国优秀共产党员"称号。

2011年2月14日，荣获2010年感动中国人物。其颁奖词为：他总看别人，还需要什么，他总问自己，还能多做些什么。他舍出的每一枚硬币，每一滴血都滚烫火热。他越平凡，越发不凡，越简单，越彰显简单的伟大。

2012年3月2日，中央精神文明建设指导委员会授予郭明义同志"当代雷锋"荣誉称号。

人物自述

从小到大，雷锋一直是我的榜样。做雷锋传人，就要立足本职、奉献岗位，在爱一行、钻一行、精一行中收获幸福。

在鞍钢，当汽车司机，我创造了单车年产最高记录；任车间团支部书记，我所在的支部是红旗团支部；当宣传干事，我写的党课教案荣获一等奖；在车间当统计，我第一个获得资质证书；做英文翻译，我赢得了外方专家赞扬。

调任矿山公路管理员后，我每天提前两个小时到现场，双休日、节假日从不休息。

16年来，累计加班15 000小时，相当于多干了5年的工作。有人说我是"越干越基层、越干越辛苦"，但是我没有感觉到苦，而是越干越起劲，在适合自己的岗位上做一些力所能及的事情，我觉得非常快乐。

这些年，我积极投入希望工程、无偿献血、捐献造血干细胞、捐献遗体器官等

> ### 献血享受的权利
> 1.凡无偿献血者有受表彰和奖励的权利。
> 2.献血者人格不受侮辱，有保护个人隐私的权利。
> 3.献血者参加献血可享受免费体检、化验的待遇。

活动。

有人问我，你自己并不富裕，为什么还要去帮助别人？我确实不富裕，但一点帮助能够让病人及时得到救治，让贫困家庭一解燃眉之急，让失学儿童露出幸福微笑，这都是我能够做到的，我为什么不做呢？我为什么不多做一点儿呢？

人物评价

2010年8月，胡锦涛总书记对鞍山钢铁集团郭明义同志先进事迹作出重要批示："郭明义同志是助人为乐的道德模范，是新时期学习实践雷锋精神的优秀代表。要大力宣传和弘扬郭明义同志的先进事迹和崇高品德，为构建社会主义和谐社会提供强大精神力量。"

"在鞍钢工作的28年里，郭明义先后做过大型矿用汽车司机、团支部书记、矿党委宣传干事、统计员、英语翻译和公路管理员。无论做什么，他都兢兢业业、任劳任怨，干一行爱一行、钻一行精一行。"郭明义单位领导，鞍钢集团党委副书记闻宝满说。

"郭明义真是个好兵。"这是郭明义当年所在部队的老战友们对他的共同评价。

"他永远想着，能给别人什么。他永远问自己：我还能献出什么！"一位采访过他的宣传干部说。"爸爸是我人生的教科书，我会永远珍藏着，一直读下去。"郭明义的女儿说出她对父亲的感悟与理解。

人物语录

"雷锋的道路就是我的人生选择，雷锋的境界就是我的人生追求"，"让爱自然地流淌，它是自然而然地流淌在上海这片红色的热土上。"

"30年来，我经历了很多，但我的信念一直很明确：一个共产党员，要为党、为国家、为人民的事业奉献自己的一切，这是天经地义的，不需要任何理由！"

现象思考

对于郭明义这位很普通的职工为何会引起社会如此高的评价？会吸引着世人众多的眼球呢？

社会学家艾君在《郭明义的"爱心"和"奉献"比什么都重要》一文中作了分析：艾君认为，这来源于他的"爱心"和"奉献精神"。

艾君认为，"爱心"就是郭明义思想情操的写照；"奉献"就是郭明义行为上折射出的一种精神。

人生的意义到底是什么？艾君指出，郭明义的事迹给我们做出了完美的回答，那就是多献出一点"爱心"，多奉献一些"公德"。

只有献出"爱心"，为社会做些事情，才能修成崇高的情感，换来人生的愉悦，获得生活的幸福，得到社会的尊重。只有尊敬与爱戴别人，才能换来别人的尊重，这就是"我为人人"，"人人"才能"为我"的道理。在追求文明的世界里，只要人人都献出一点爱，这个社会的财富才能不断增加，人类社会的文明才会得到发展，我们这个世界才会变成文明的天空，和谐美好的人间。

社会学家艾君的文章里进一步分析道，如果说郭明义是"英雄"，但他平凡的人生经历中没有惊心动魄的壮举；如果说郭明义是"小人物"，但他却像一支蜡烛，永远在照耀着别人，燃烧着自己。

从他的身上，从他的行为中，让我们无处不感悟到"爱心"和"奉献精神"的存在，让我们无处不感受到一种无私奉献的文明力量的存在，也让我们能够更加懂得了"毫不利己专门利人"的奉献内涵。

他认为，郭明义心中有颗"爱心"，他要在平凡的生活里、工作中、家庭里，把自己对祖国的爱、对社会的爱、对人民的爱，在人生的历程中尽情地表达和抒发出来；那就是郭明义的言行中有种"奉献精神"，他要在道德与正义、公德与私欲、社会与文明中找到支点，以自己炽热的爱心、在平凡的工作里、在时代的发展中，奉献出自己能够想到以及能够做到的爱心，为社会做点事情，为这个社会的文明与发展留下一条有价值有意义的人生轨迹。

> **人物语录**
>
> "接触不同的社会群体，就会有不同的人生思考。我经常接触孤儿院的孤儿、上不起学的孩子、生活困难的职工，和他们相比，我就感觉自己非常富足，我就非常想去帮助他们。"

在谈到"爱"和"奉献"的时代含义时，社会学家艾君认为，爱是人的感情的喷发，爱是人的追寻梦想的翅膀，爱是社会文明与道德的根基；"奉献"是人的行为美德，奉献是一种爱心的体现，奉献是一种为公而忘私、舍己而取义的品格，奉献是一种不求回报的爱

和全身心付出的文明行为。

他表述说，郭明义身上以及他的言行中，我们不难发现他对持之以恒地对爱心的坚持和追求，以及他日复一日，年复一年，始终如一地对"奉献"的践行和执着。

这种坚持和执着，表现在郭明义近20年中，累计为身边工友、特困学生和灾区群众捐款12万多元，资助了180多名特困儿童。他无偿献血20年，累计献血6万毫升等事迹上。

事迹启示

社会学家艾君指出，心中装有"爱"，行中有"奉献"，这是人类的新文明的发展的要求：郭明义的"爱心"和"奉献"比什么都重要。他在文章里指出，郭明义的事迹给我们启示，在追求文明、发展、进步的社会，一个人可以暂时没有汽车，但不能失去"爱"的追求；一个人可以暂时没有职业，但不能失去道德、理想的信念；一个人可以没有了躯体，但不能失去人格、文明的灵魂。

人在社会就是要有一点精神的。

要做一个有益于社会的人，就需要像郭明义那样，多献出一点"爱心"，多奉献一些"公德"，只有这样才会成为一名正直的人，高尚的人，有益于时代的人。

在文章里，艾君还进一步指出，郭明义的事迹还给我们启示，无论在

什么岗位,也无论我们都在扮演什么样的角色,都需要具备强烈的主人翁意识和责任感,具有我们来到这个世界上而应该承担的人生责任。那就是社会责任,道德责任,进步责任。

　　要实现这些责任,就需要"爱心"和"奉献精神"。"爱心"和"奉献精神"也就是我们最基本的民族精神。

第九章　社区里的心灵强者李丽

李丽,衡阳人,1962年出生。1岁时患小儿麻痹症,6岁前腰部以下瘫痪从未站起来过,先后做过40多次手术站起来了。2002年遭遇车祸,从此一直靠轮椅出行。1991年至2002年间经商,车祸后开始在北京学习专业心理课程,并创办"李丽心灵教育中心",先后荣获2007年度"感动中国"十大人物,全国三八红旗手、全国未成年人思想道德建设先进工作者等。

第一节　中国的"海伦·凯勒"

个人简介

李丽,1962年10月出生,汉族,湖南衡阳人,致公党党员。她还是湖南李丽心灵教育中心创办人,心灵教育专家。省、市侨联委员。当选多届衡阳市人大代表或政协委员。

她在一岁多时患小儿麻痹症,双腿严重残疾,童年从未站起来。7岁随父母"南征北战"治疗腿疾。

40岁又遭遇严重车祸,下半身因此完全瘫痪。因为病魔,辗转数家医院,先后做过四十多次的大小手术,被迫切口有270多条。至今,她身上还装有6块钢板。

面对病、难,她不仅没有怨天尤人,反而凭借顽强的毅力,"把苦难当享受，把挫折当存折，把残疾当资源，把失败当财富"，从事过多项职业并取得了可喜成绩。

先后荣获，2007年"感动中国"十大人物、全国三八红旗手、全国未成年人思想道德建设先进工作者、全国道德模范提名奖、北京残奥会火炬手、中国百名优秀母亲、全国归侨侨眷先进个人、致公党中央5.12抗震救灾先进个人、2009年湖南省道德模范等六十多项殊荣。

此外，还被聘为"湖南省监狱系统特邀教育顾问"，被50多所学校聘请为"教育顾问""校外辅导员"或"名誉校长"等。被誉为"心灵强者"和"中国的海伦·凯勒"。

李丽老师为了将青少年心灵教育工作，做的更扎实、更深入，已于2010年9月成立湖南李丽心灵教育中心。湖南李丽心灵教育中心是在湖南省民政厅民间组织管理局注册、由共青团湖南省委作为主管单位、湖南省文明办设立的省内唯一一家省级"未成年人思想道德建设示范基地"，是一家民间非企业公益教育机构。

其宗旨是："为天下父母亲解难，为天下青少年解惑，为党和政府分忧"。

第二节　轮椅上的美丽心灵

她是残缺的，残疾几乎与生俱来，轮椅陪伴一生；她却又是和谐的，这和谐写在眼睛里、面容上、手势中，写在她多年如一感动世人的行动深处。这和谐保持着弥漫与穿透的力量，从冰冷的轮椅上升华出来，惠及周围，感动着一个国家。

就像和谐中国带给世界合作、文明、人道和平等的和谐观念一样，李丽想用自己所倡导的和谐家庭、和谐心灵理念，给每一个家庭、每一个孩

子送去健康、平安、幸福和快乐。

1963年,可怕的厄运便降临到年仅一岁多的李丽身上。由于小儿麻痹症,她成了一名从腰肌以下全面瘫痪的肢残儿。从此,别说站与走,就连坐也坐不稳。

7岁那年,李丽咬着牙挺过了40余次刻骨铭心的埋"羊肠线"手术。她挪出了人生的第一步。

1991年初,单位经济效益急转直下,李丽自谋出路,做文印、卖水饺、摆烟摊、织毛衣,几年下来什么都干过。1993年李丽借资收购了一家濒临倒闭的国营小型加油站。

1999年,又想方设法筹集资金,投入300万元扩大规模,在原址上兴建了一个集加油、住宿、餐饮为一体的大型加油站。然而,由于国家对燃料市场的宏观调控,加上石油系统制定的一些相关政策,致使油站无进销差价,很快失去生存能力。

李丽苦心经营的事业再一次灰飞烟灭。"心若在,梦就在,只不过是从头再来。"

冷静下来的李丽痛定思痛,背着巨额负债,又再度启程。2001年,在亲人朋友的援助下,她成立了高夫绿园林园艺有限公司,立志做本地最专业的园林设计公司。

2002年5月27日,她到郴州出差,一场呼啸而来的车祸,无情地剥夺了她尚能拄着拐杖走几步的权利。

车祸发生后,身体多处撕裂,因为自身缺乏凝血因子,持续流血不止,体内仅剩下两克血,面孔被89针密密缝合,左腿三处关节都断了,三块僵硬的钢板被植入她柔弱的身躯,连两只手也没能逃脱厄运,完全失去了自理能力。

> **"丽美人"的感动**
>
> 李丽用自己的付出让20万人获得心灵的洗礼,大家亲切地称她"李老师""丽姐""张海迪"等。李丽笑着说她有个更好听的名字,叫"丽美人"。"丽美人"用她的乐观、坚强深深地感染着每一个人。她的生活不缺少爱,她是在感动中成长起来的,在奉献的同时也在收获着爱与感动。也正是这么多无私的关爱让她走到今天。

医生毫不掩饰地告诉她说："你将来出院后，学会用左手写字吧！"再次的厄运前她没有流一滴眼泪，脑海里只有一个念头，"闯过去，你一定行！"

她请来一位优秀的按摩师大姐帮助自己，每天做一个小时的康复锻炼，强制性地帮她把五根手指掰直。

每当此时，李丽整个身躯都在淌着汗，整个神经都在被疼痛牵扯，甚至面部肌肉都在不由自主地痉挛。她仍咬牙坚持着，就让信念和痛苦面对面地较量吧，看谁是最后的强者。

奇迹终于发生了：经过半年艰苦的锻炼，爱美的她又能给自己盘发了。

40多年的波折，终于让她渐渐读懂了人生这本书，学会了把苦难当享受，把失败当财富。这虽然只是她个人的感受，相信仍有一些可以让他人借鉴的地方，那为什么不能和更多的人分享，让他们也找到追寻和谐人生的动力呢！

机会很快就来了。2003年初，出院不久的李丽坐着轮椅到湖南省雁南监狱洽谈园林业务，她自强不息的经历深深打动了监狱领导，他们邀请李丽给服刑人员讲一堂人生课。

面对两千多名服刑人员，李丽倾诉了自己的肺腑之言。"你们看到了我1%的开心，却不知我99%的苦难。你们被自己的心结所囚禁，我则被自己的身体所囚禁。你们只要好好改造，总有获得自由的一天，比起我被终身囚禁来说，你们是幸福的。"

那一次互动交流之后，她意外地收到许多服刑人员的来信。他们如泣如诉地向李丽忏悔人生。

一名在押学员在电话中说："你说：人生输得起的是金钱，输不起的是

心态！现在对照你的人生，我感到无比羞愧。"

就这样，李丽成了服刑人员心中的偶像，被他们中的许多人亲切地称为"精神慈母"。

几年下来，她多次到湖南、陕西等省的监狱作巡回演讲，听众达4万余人次，收到服刑人员的来信一千余封，接听电话八百多个，寄送书籍500余本，并通过自己的社会关系，义务推荐安置52名两劳刑释解教人员就业。

几年来，通过书信帮教，田海波等十多位监狱学员在她的激励下立功减刑，并被监狱系统评为"改造积极分子"；更多的学员则获得了心灵意义上的新生。

郴州监狱还成立了以李丽命名的志愿团爱心基金会，为社会特困人员捐资达五千余元。

从写信过来的服刑人员中，李丽吃惊地发现他们家庭教育出现严重问题，心灵的天平早在年少时代就已过早地倾斜。那段日子她辗转反侧、夜不能寐，她迫切地感觉到一个比帮教服刑人员更为紧要的任务，那就是拯救迷途的孩子，不能让更多的人再走少年犯罪的老路！这关乎当今社会的和谐，更决定着我们整个民族的未来啊。

放弃园林公司从事家庭教育

经常学习，李丽无暇顾及园林公司的经营，公司部分项目亏损。李丽决定放弃自己苦心经营并在当地小有名气的公司，一心投入到家庭教育工作中来。

在北师大学习完成后，她创办了"李丽家庭教育工作室"，以免费和适当收费不为营利的形式，帮助那些迷途的少年和他们的家长，关爱那些稚嫩的心灵。

虽然，现在身体里还有6块钢板，全身

人物履历

1993年03月，任衡阳市经济技术协作开发公司燃料部经理，衡阳市华侨贸易公司经理。1995年10月，任衡阳市郊区长江加油站法人代表。2001年09月，任衡阳市高夫绿园林园艺有限公司董事长。2005年05月，创办公益机构衡阳李丽家庭教育工作室。2010年09月，于湖南长沙，创办公益机构湖南李丽心灵教育中心至今。

伤疤达二百七十多处,每天常常要工作到晚上10时,但在传播爱的路上,李丽认为自己重新找到了人生航向。她现在最大的梦想就是,让每个家庭永恒地充满爱与和谐的音符。

2005年春节刚过,李丽毅然千里迢迢地上了北京。在一年时间的培训中,她认真学习了家庭教育学、儿童心理学、发展心理学、犯罪心理学等课程,对未成年人教育有了更强的信心。

回来后,她精心挑选了一批业绩一流的家教、心理、法律、卫生等方面的专家队伍,创办了"李丽家庭教育工作室"。

她的服务对象很明确,就是那些一时迷途需要帮助的少年儿童和他们的家长。

2006年5月19日,从北京回来后,她就创办了"李丽家庭教育工作室",创建了公益网站"丽爱天空",并开通了24小时心理疏导热线,义务服务于全社会那些一时失意、失足需要帮助的朋友。同时还定期开展家长联谊会、家长培训班、学习交流沙龙等活动。

李丽家庭教育工作室迈开第一步,在南华大学拉开"'八荣八耻'百校感恩行"公益巡讲活动的序幕。

尔后的两年间,她先后来到衡阳师范学院等二百余座学校进行巡回演讲,倡导以"感恩、回报、责任"为主题的道德素质教育的活动,听众达五十多万人次。

许多学校纷纷聘请她为"大学生生涯规划导师"、"校外心理辅导员"。她还应邀在各大中小学校举办"家庭教育培训班"100余场,为许多未成年人送上了他们渴盼的"心灵鸡汤"。

她一直认为,要让未成年人不迷途,一定要重视预防,重视扎扎实实解决他们的实际问题。

心理健康教育的功能

心理教育是一项利教、促学、益社会的奠基工程。

1.有利于教育教学的科学化、有利于素质教育的落实、有利于教育者自身的优化。

2.有促于学生的心理健康、有促于学生的全面发展、有促于学生主动成长。

3.有益于校园的和谐、有益于社区的安定、有益于社会的文明。

她做了两件非常具有挑战性的事——发动"未来精英训练营计划"和"军营生活体验营计划",专门挑选"迷途孩子"来培育和感化。根据她的人生阅历和专业知识,把当前未成年人中普遍存在的问题分为网瘾、早恋、自卑、厌学、叛逆、心理困惑等十多项,根据不同年龄段、个性心理、和家庭教育环境设计开设了如"如何度过青春叛逆期"等60节训练课程,第一期就面向全市有针对性地招募了三十多位"迷途孩子",并且要求小学员完成"十个一"感恩工程训练计划。

"十个一"感恩工程分别是:种一棵感恩树;送一份感恩礼;写一封感恩信;说一句感恩话;做一顿感恩饭;唱一首感恩歌;听一堂感恩课;洗一次感恩被;洗一次感恩脚;有一颗感恩心。

一句话,从细节和实处做起,培养他们懂得用"感恩之心做人,谦虚之心做事"的高尚品德。

事实证明,这两个计划的实施是非常成功的。短短的40余天时间,孩子们个个简直就像脱胎换骨一样。随着教育成果的体现,工作室在社会上的影响不断扩大。

两年的实践,沉迷网游、令父母深感头疼却又束手无策的二百多名孩子先后成功戒除了网瘾……

2008年5月13日,为期20天的"心灵慈善帮扶会"在衡阳举行。来自全国各地和本地的一百余组家庭四百百余人,参加了这次盛大爱心聚会。大家在李丽的指导下,分享他人成功教子的经验,反思自己家庭教育的不足之处。

虽然这期活动早已圆满画上句号,但活动所产生的影响力,对一个家庭和孩子们来说意义是永恒的。

她快乐,因为通过大家的努力,她已经找到越来越多行之有效的心灵教育方法。

她快乐,因为自己的心血结出了硕果,

心灵教育中心机构性质

湖南李丽心灵教育中心,在湖南省民政厅注册、由共青团湖南省委作为业务主管单位、湖南省文明办设立的省级"未成年人思想道德建设示范基地",是一家具有独立法人资格的非营利性民办非企业教育机构。

众多迷途的孩子找到了回家的"路"，他们把乐观、进取、永不放弃的信念融进了血液中，正在演变成我们社会的主流和谐音符。

当前全国上下正掀起新一轮解放思想的热潮，为建设和谐社会奠定基础。置身其中，李丽非常激动。

她觉得，每一个人都面临着不断解放思想，不断突破自我，直至最终让自己的理想与愿望与整个社会的宏大趋势融为一体。只有这样，我们的人生才有真正的意义。这是她"感动中国"以后最新的人生体会。

2008年6月12日，李丽又走在了"和谐心灵慈善万里行"征程上，从衡阳出发到达湖北、天津、南京、北京等省份，为那里的部分学校、监狱奉献了他们渴盼已久的"心灵处方"，她还将赴广东、深圳、云南、四川、福建、甚至澳门、台湾、香港等全国各个省市区传播和谐、家庭教育新理念。此次万里行的开展，为期一年的时间，她和她的轮椅将踏遍祖国的山山水水，把和谐的种子撒遍神州。

李丽说，人生本来就是一次和谐的旅程。她将高举和谐的旗帜鼓与呼，并为此奋斗终生！

新时期，为了能更好地"为天下父母亲解难，为天下青少年解惑，为党和政府分忧"，李丽于2010年9月，在湖南省民政厅注册成立湖南李丽心灵教育中心，该中心由共青团湖南省委作为业务主管单位、是湖南省文明办设立的省级"未成年人思想道德建设示范基地"，是一家具有独立法人资格的非营利性民间公益教育机构。

该中心成立之后，李丽老师凭借多年从事家庭教育和青少年心灵健康教育工作所积累的经验，通过家庭教育讲座、一对一心理健康疏导、丽爱天空网、丽爱热线和丽爱信箱等活动形式积极开展服务工作。半年时间

心理健康辅导的必要性

青少年是社会发展的新生力量，是祖国的未来与希望。青少年时期会随着生理、心理的发育成熟、社会阅历的扩展及思维方式的变化，容易在学习、生活、人际交往、自我意识和升学就业等方面，遇到各种心理困惑和问题。据调查，在现在中小学生中34%有心理障碍，12.5%有心理缺陷、28.1%有心理异常。青少年的心理健康不容忽视。

里,李老师共接待家庭咨询一百余个,接听咨询电话一千余次,回复信件三百余封,开展家庭教育讲座五十余场。此外,李丽正在积极开展以抵制"三俗"和促进未成年人心灵健康成长为目的的"'亲情中华'立志、勤奋、健康、和谐"李丽主题演讲和"李丽心·远东情·中华行"全国公益巡讲等系列活动。

多年来,李丽在普及科学的家庭教育理念、促进青少年心理健康、强化心理素质教育、预防未成年人犯罪等方面作出了巨大贡献,使得六十余万人受益,被誉为"心灵天使"。

> **心灵教育中心机构宗旨**
>
> 为构建和谐心灵、和谐家庭、和谐社会、和谐世界,探索钻研、竭诚贡献。李丽工作室有三个内设机构("五星妈妈"俱乐部、"四十不惑"沙龙、"丽爱天空"志愿团)和两个分支心灵教育示范基地(长沙市湘园社区心灵教育示范基地、长沙市工读学校心灵教育示范基地)。

李丽和居民探讨家庭教育

小孩早恋怎么办?从以前的翻书包看日记,到现在的盗QQ看微博记录,做父母的对小孩早恋总有一种措手不及的感觉;面对网瘾孩子,你是否也不知如何是好?在一天下午,湖南李丽心灵教育中心的创办人李丽女士,带着她的家庭教育理念来到晨报社区大讲坛,成为晨报社区大讲坛的第一位主讲嘉宾,同时也开始了其"爱在星城"李丽家庭教育进社区的第一站。

"任何发生在孩子身上的问题,其实都是家长的问题。"在与李丽的对话中,这句话被她反复提到。

李丽介绍,90%以上的小孩出现的问题,都和他的成长环境、家庭背景等密不可分。

李丽说,家庭教育并不是仅仅针对孩子的教育,更多的是2代人甚至3代人的教育,在现代都市里,年轻人忙于工作,爷爷奶奶帮忙照顾孙子的情况并不少见,因此隔代教育或者留守儿童的问题也越来越严重。"但如果家长掌握了家庭教育的正确理念,并不会存在隔代教育出现的问题。"

讲座中,李丽更多的是和家长一起讨论家庭教育的理念。听到李丽解读的案例,还有家长打电话让朋友来"听听"。陈女士说,自己对李丽说的一句话印象深刻,那就是"不要把孩子当成你的私有财产"。

第三节　用精神行走的"和谐天使"

在旁人看来,李丽是不幸的

1岁时,李丽患了小儿麻痹症,双腿瘫痪。

李丽7岁那年,父母在泪水与叹息中作出决定:带女儿去解放军驻长春208医院治病。

一直认为自己像"狗"一样爬着的李丽,流着眼泪暗下誓言:送我去吧,治好了腿能够像"人"一样站起来,给你们做好多好多家务!经过一年多时间的治疗,历经二百多刀,在数块钢板的支撑下,8岁的小李丽第一次站了起来,挪动了人生第一步。

14岁那年, 李丽上初中,看着身边女同学都能穿着漂亮的高跟鞋跳舞,可自己却连穿上布鞋都是奢望,心里沮丧极了。细心的妈妈看出来了,问她:"丽丽,是不是不能穿高跟鞋很难过啊?"李丽积累多时的委屈一下爆发出来,痛哭流涕。

> ### 逻辑性
> 心理健康的人无论做什么事都按部就班,有条不紊,专心致志,有克服困难的决心和毅力,而不是三心二意,有头无尾。他们的思维合乎逻辑,说话条理分明,而不是东拉西扯,随说随忘。

"哭就可以穿上高跟鞋了吗?"妈妈平静的话让李丽无语。"没有关系,我教你做鞋子。"妈妈接着说。接下来,李丽跟妈妈学做鞋。不久,她就穿上了自己亲手缝制的用男式皮鞋"改装"的漂亮皮鞋,在同学面前也神气了。

"现在想来, 妈妈那句话讲得太好

了,那句话告诉我:既然逃避不了现实,就要勇敢面对现实,哭没有用!"李丽说。

拼命织毛衣

1980年,由于身体原因,她不能参加高考。好不容易找了个工作,又因工厂效益急转直下而"休岗"。

1991年初,单位经济效益直下,李丽下岗了。无奈之下,她买了台旧式机械打字机,在家里做起文印业务。

天天待在打字机前,她将自己定格成别人的风景。但时隔不久,随着电脑迅速普及,她那种老式打字便没了业务,每天只得靠卖水饺、摆烟摊艰难度日,窘迫时,连买酱油的钱都没有。

偶然机会,李丽看到一则邮购毛衣编织机广告,就花了一千多元买了一台,并从书店买来有关书籍学习。由于她心灵手巧,毛衣样式设计新颖,生意十分抢手。可好景不长,由于纯手工生产产量低、利润少,在江浙成品毛衣的冲击下,生意一落千丈。

这时,受手术留在她体内钢板的影响和整日劳累,她又多了胃炎、肩周炎、脊椎骨弯曲等病,常常疼痛难忍,彻夜难眠,她最终不得不放弃毛衣编织。

1993年开始做石化燃料生意,本来挺红火,创业是辛苦的,1998年夏天,操劳过度的李丽受病痛折磨时又患上了失眠症,怕药物影响智力,她想到了啤酒,从不喝酒的她那一个夏天喝了整整50箱。

1999年,夫妻俩投入300万元扩大规模,在原址兴建了一个集加油、住宿、餐饮、商场、停车为一体的大型加油站,扩招了十多名残疾人和下岗职工子弟。

正当事业蒸蒸日上时,1999年下半年开始,国家对燃料市场进行宏观调控,油站无进销差价,效益一路滑坡,2000年时却因政策调整、自身决策失误等原因,加油站倒闭,负债数百万。

创业的艰辛

在加油站崩溃后的最初一个月里,李丽痛苦万分,把自己关在家里,喝醉了就哭,哭累了就睡,睡醒了又喝,最后竟然想到结束自己多灾多难的生命。

为了死也要死得风光一点,李丽一路奔波,在一个黎明前来到黄河边。

就在她准备投身到浊浪之中时,一轮红日在东方喷薄而出,光芒四射中,李丽猛然感觉到了一种生命的力量,回头决定东山再起。

李丽感慨:"那时,江水连天,惊涛拍岸,看着那轮红日,我感到了一种生命的颤栗,创业失败了,但只要人在,又有什么不能重新开始的呢!"

在海外亲友的帮助下,李丽又创办了一家园林园艺公司。公司走上正轨、正要大发展时,2002年5月27日,她在出差回来的路上又遭遇车祸,全身8处骨折,其中3处粉碎性骨折,面部缝了89针。

"当时的主治医生说我成了一个泥捏的'瓷娃娃'。"李丽说,"我从此只能与轮椅为伴了。"

在别人都在为李丽的不幸说"老天不公"时,她选择的是坚强。

1968年在长春驻军"二〇八"医院治疗时,李丽接受了几十次埋"羊肠线"手术。

每次手术前,妈妈将小毛巾打湿后塞入李丽嘴里。手术后取出毛巾,看到毛巾上一道道牙咬的血痕,妈妈和医生、护士无不被她的韧劲和毅力深深感动了。

正在医院采访的八一电影制片厂闻讯后也特地赶到手术室,拍下了那令人动容的手术场面。三年后,9岁的李丽终于能够拄一根拐杖走路、上学了。

由于很小就与苦难相伴,李丽比同龄人要成熟很多。她知道父母不可

能照顾她一辈子,作为一个残疾人,必须自强、自立。虽然双腿不争气,但还有双手,她要自己养活自己。

李丽学缝纫、绣花、织毛衣、做盘扣、纳鞋底、做棉鞋等女工细活,待业在家时也没有放弃读书和写作。1984年,在全国开展"学习张海迪"的活动中,她以自己的亲身经历和由衷感受,撰文参加了由团市委组织的征文演讲比赛,荣获一等奖。

时任湖南省委书记毛致用在接见她时赞扬她:"你就是我们湖南的张海迪!"

"加油站倒闭时,我也想到放弃生命;发生车祸后,我也曾在晚上大哭,但因为家人和那么多人的爱,因为责任,我决定化挫折为存折,化苦难为幸福,化失败为成功!"经历这些劫难,李丽发现自己的"逆商"得到了锤炼,抗击打能力提高了很多。

车祸出院后坐在轮椅上的李丽,又带领公司员工夺得省级优良工程、市级工程一等奖。

"一个人身体残疾并不可怕,可怕的就是心理的残疾。"李丽深有感触地说。

与李丽已有十年交情的一位朋友说,李丽是在"用精神走路"。

"精神教材"

"感恩、回报、责任"是李丽常挂在嘴边的三个词。上学时一直帮助她的老师和同学、推着轮椅陪她走人生路的陈泳秀大姐、帮助她迈过一个个人生之坎的人……

李丽都记在心里,"我一定要做一个懂得感恩、回报,敢于承担责任的人。"李丽告诉自己。

> **心灵氧吧**
>
> 2005年起,李丽在衡阳创办李丽家庭教育工作室,她以"心灵教育"为切入点,积极疏导青少年的心灵困惑,为他们播撒心灵阳光,受益家长和青少年达60余万人。2010年4月,该工作室整体搬迁至长沙,落户于天心区青园街道湘园社区,并升级为湖南李丽心灵教育中心,开设了心灵氧吧热线85675376,并提供一对一咨询(生命加油站)。该中心是湖南省文明办授牌的省级"未成年人思想道德建设示范基地"。

心理的相同性

人与人之间都彼此相似。当听到月亮时，联想到太阳或星星，都是正常的反应。但联想到死亡，就让人难以理解。这种情况出现多了，就应注意他的心理状态是否正常。如果一个人的想法、言语举止、嗜好、服饰，与别人相差太大，则他的心理可能不够健康。

雁南监狱领导在一次汇报中说：自从李丽讲课后，想自杀的人明显少了。

李丽得知后非常感动。她白天工作，晚上静静地回信，每信必复。来信也越来越多，从此一发不可收拾。

当初，李丽只是碍于领导的盛情，没想到后来演变成了一种责任，她决定放弃亲手经营起来的公司，用真情去启迪服刑人员的心灵。

从2003年5月至今，她先后到湖南女子监狱、衡阳市戒毒所、雁南监狱、郴州监狱等单位作巡回演讲，听众达10万余人次。

李丽用自己身残志坚的"精神教材"，帮助犯人找到重生的力量。许多犯人也立功减刑，获得了新生。

连李丽自己也没有想到，这次偶然事件，竟改变了她的人生轨迹。

"家庭110"

李丽认为，孩子身上的缺点毛病只是结果，原因却出在家长身上。"孩子有'病'，要让家长吃'药'。掌握正确的家庭教育理念，对于每一个孩子的健康成长，每一个家庭的和谐，乃至整个社会的和谐，都是一件迫在眉睫的社会大工程啊。"

她决心要探寻一条正确的、科学的路，帮助家长正确教育孩子，帮助孩子健康成长。但是，她深感自己的水平有限，有些"心有余而力不足"。

因为在家教方面贡献突出，李丽被衡阳人称为"家庭110"。

"五星妈妈"

李丽认为，孩子要天天向上，家长就要好好学习。2006年8月1日，她发起成立了"五星妈妈俱乐部"。

她希望通过成功教子系列讲座、亲子户外拓展活动、教育心理学案件讲座等形式,帮妈妈们成为五星级的优秀妈妈爱心妈妈、信心妈妈、知心妈妈、开心妈妈、安心妈妈。

孩子意志力薄弱、不够自立的现状,李丽举办"未来精英训练营",针对"如何度过青春叛逆期"、"如何养成良好习惯"、"如何实现卓越的人生"等问题设计了60节训练课程。

后来,"未来精英训练营"的孩子和"五星妈妈俱乐部"的妈妈们走到一起,举行了"母子心连心教育体验"的活动。在烧烤过程中,孩子不再是坐着或者在一边玩,等妈妈把东西烤好了给自己送来,而是主动"要向妈妈露一手"。

"一个孩子不慎将一只鸡腿烤焦了,拿在手里不知所措。妈妈接过来,一边咬着一边夸儿子烤得真棒。孩子看着妈妈嘴角边突然长了'胡子',不禁笑出声来。可有意思了。"说到这里,李丽笑了,"许多妈妈都说,东西吃不吃不是最重要的,但看到以前在家里只是坐着等饭吃的孩子能有这么大的变化,心里真的感到很欣慰。"

"父母子女之间有一条沟,叫代沟。是您用心填满了这条沟,用爱带他们渡过这条沟,到达对方心中的彼岸。"一个孩子在"丽爱天空"网站里留言。

现在的李丽,没有节假日,每天常常要工作到晚上10多点钟,还要常常为工作室的资金和人员等问题操心,但她告诉记者:"我终于找到了一个自己的人生归宿,能有一个回报社会的机会,我感到很幸福、很快乐!"

"对于自身的缺陷,我从不怨天尤人,相反,我感谢上帝。因为,正是由于这些缺陷,我才认识了我自己,才开创了我的事业,才找到了我的上帝。"海伦·凯勒的话,也正是李丽心

> **心灵语录之梦想**
>
> 从前总是迷迷茫茫,梦想究竟在什么地方,如果心里有了想法,那么就从现在开始准备,也许成功不会来得太快,但我已经在路上,要知道唯有用心才会懂得,唯有努力才会收获,不要总是徘徊不定,既然决定了就放手去做,有梦想就去追吧,与其不做后悔不如做了再后悔。

路历程的真实写照。

未来继续家庭心灵教育事业

有爱的天空不寂寞！用微笑迎接每一天的到来。在与很多"问题少年"近距离接触中，李丽发现了现代青少年个人信仰错位和家庭教育缺失的尴尬事实。

她感觉到，现在的孩子经历学校"灌输"教育后，都很有知识，但缺乏生活的历练和体验，没有把知识运用到生活中的生存智慧，不理解生命的真谛，其至不爱惜自己的生命，往往因为一时冲动就酿成终身大祸。

另一方面，家长们都关爱孩子，但大多数家长并不知道怎么去爱孩子，因此"要孩子天天向上，家长必须好好学习"、"孩子有'病'，家长要'吃药'"……家庭心灵教育事业因而任重道远。

2011年4月28日，李丽带队从湖南专程赶到北京师范大学壹基金公益研究院，向王振耀院长提交了一份关于双方联合在湘拟建"中国家庭教育研究基地"的建议书。

这个靠轮椅行走的湘妹子，想在湖南长沙或者长株潭区域建立一个青少年与大自然亲密接触的体验基地，充分培养孩子们动脑、动手、动脚和动口的综合能力，继续她的公益心灵教育事业。

"家长家庭教育意识不强、公益专业人才稀缺、经费缺乏保障等是我目前最大的困惑。"现在，李丽正在克服身体不便，不辞辛劳地与"壹基金"等公益机构对接，通过科学研究、教材研发、家庭教育指导师培训以及提供面向全社会的公益咨询服务等，来推动心灵教育公益事业的可持续发展。

> ### 情绪愉快表示心理健康
> 乐观的人，对任何事物都积极进取，无论遇到什么困难都不畏惧，即使遇到不幸的事情，也能很快地重新适应，而不会长期沉陷于忧愁苦闷之中。相反，多愁善感、情绪经常忧郁的人，心理上是不健康的。而且，情绪愈低，心理不健康的程度也愈重。

家庭教育工作室简介

机构性质：湖南李丽心灵教育中心，

在湖南省民政厅注册、由共青团湖南省委作为业务主管单位、湖南省文明办设立的省级"未成年人思想道德建设示范基地"，是一家具有独立法人资格的非营利性民间公益教育机构。

机构渊源：湖南李丽心灵教育中心由2007年度"感动中国"十大人物——李丽，创办于2010年9月，前身是创办于2005年6月的衡阳李丽家庭教育工作室。

教育重点：青少年及其家长心灵健康教育。

教育理念：家长好好学习，孩子天天向上。

机构功能：为天下父母亲解难，为天下青少年解惑，为党和政府分忧。

机构宗旨：为构建和谐心灵、和谐家庭、和谐社会、和谐世界，探索钻研、竭诚贡献。

目前，本中心有三个内设机构（"五星妈妈"俱乐部、"四十不惑"沙龙、"丽爱天空"志愿团）和两个分支心灵教育示范基地（长沙市湘园社区心灵教育示范基地、长沙市工读学校心灵教育示范基地）。

本中心致力于开展青少年心灵教育，解决青少年普遍存在的叛逆、厌学、网瘾、早恋、人格障碍、亲子沟通障碍等问题，并合理有效地疏导青少年的心灵困惑，为他们送上心灵鸡汤、播撒心灵的阳光，帮助他们完善人格、修复个性、端正态度、改正缺点、培养习惯，从而走上健康和谐的道路。

同时，机构还广泛普及家庭教育新理念，探究家庭教育和青少年心灵问题的教育，同时开展一系列的活动：

（一）举办亲子心灵教育讲座、培训、体验；

（二）走进学校和社区，疏导青少年心灵困惑；

> **教育心理学**
>
> 它是心理学的一门分支学科，其研究内容是教育和教学过程中的种种心理现象及其变化，揭示在教育、教学影响下，受教育者学习和掌握知识、技能、发展智力和个性的心理规律；研究形成道德品质的心理特点，以及教育和心理发展的相互关系等。

（三）走进企事业单位，开展爱岗敬业、提升竞争力培训；

（四）主办"五星妈妈"俱乐部和"四十不惑"沙龙，定期培训，学习交流；

（五）组织"丽爱天空"志愿团，开展爱心活动；

（六）走进监狱，帮助服刑犯人积极改造；

（七）对留守儿童、问题少年、残疾人以及服刑人员子女，进行帮扶。此外，还与全国各地的专家、学者一起，就上述教育事项开展相关的学术交流活动。

第四节　志愿者口中的李丽老师

只要活着，一切皆有可能

2012年11月28日，作为丽爱天空志愿团的志愿者，我们一行人来到了明德天心中学，早早地为《感恩的心》手语舞做准备。

非常感谢受到相关领导、老师的热情接待，在讲座活动快要开始时，李丽老师到了，第一面是在车窗里看到的，不敢相信那抹自信、和蔼、坚定的微笑，来自一个饱受命运折磨的女人。随后，我们与李丽老师、明德天心中学范校长在入口处进行活动流程的协调，两位老师都是随和、亲切的，生活教给了他们很多，给了他们一份值得让人尊重的风韵，而我们，只需用心听，用心感受，用心学习。

"我来自何方，像一颗尘土……"音乐响起，伴着李丽老师充满恩情的歌声，我们尽力做到动作的标准，尽力露出最青春、最有活力的笑容，希望能够感染到场下所有的初二弟弟妹妹。接着，是一天下来让我感悟最多，

震撼最大的李丽老师的讲座。

自小患小儿麻痹症,从小就不知道"行走"的滋味是什么,经过父母的四处寻医,我永远都想不到那一路需要多大的勇气,又付出了多少血泪,七岁时,她站起来了,懂事、能干、善解人意、孝顺,本想着她的人生从此照进了永恒的光明,可是,不幸的是,40岁时,一场突如其来的车祸,将不幸的李丽老师再次冷漠地打倒,大小手术四十多次,全身切口270多处,她忍受了常人无法理解的煎熬,可她说的一句话"把挫折当存折,把苦难当享受,把失败当财富,把残疾当资源"完美地诠释了她对生活的乐观、泰然态度。

> **教育心理学研究任务**
>
> 首先,研究、揭示教育系统中学生学习的性质、特点及类型以及各种学习的过程及条件;从而使心理学科在教育领域中得以向纵深发展。其次,研究如何运用学生的学习及其规律,去设计教育、改革教育体制、优化教育系统,以提高教育效能、加速人才培养的心理学原则。

我想,当一个强大的人,就是无数次被打倒,但又极其自信、充满希望的站起来,始终坚定自己深信不疑的善良,成熟与宽容、李丽老师告诉我的,是一种终生学习、终生善良的自信,对一名当代大学生而言,我要更加乐观地面对生活的挫折与不公,更加欣然地甚至奋不顾身地承担起我作为儿子、学生、一名志愿者,一位中国公民的责任!

青春不息,乐观不止;生命不息,爱心中转不止!只要活着,一切就都有可能。

志愿者心得

因为知道今天得去明德天心中学与李丽老师同台表演(感恩的心),所以今天破天荒一大早就起来了。

其实心中有那么一点小兴奋。看到那么多天真可爱的孩子们,我又回想起初中时那时候的自己,仿佛我就是他们中的一员,体会着他们在学习生活中的困难,体会着他们与自己父母的矛盾……

无论我们从上帝那得到什么,只要我们对生活充满信仰,充满活力。

我们依然会过得很开心,很幸福。你要相信上帝对我们每一个人都是公平的,存在就是合理的。

只是我们缺少一双发现真、善、美的眼睛而已。在这次活动中,我觉得来到这里不只是表演而已。我们从李丽老师那学到了真正的乐观面对生活,对生活充满信心,以及感恩,宽容。在日常生活中,不是每个人都让你觉得很好,但不论别人对你做了什么,或许是他们的不对。但我更相信人性本善,没有绝对的坏人,只有变坏了的好人。我们要换位思考,每个人做的事情都是有理由的。

爱,因为在心中

今天见到了"传说"中的李丽老师,请容许我以这样的方式开头。源于对家乡人的亲昵,2007在看白岩松主持的感动中国人物就深深的记住了这个名字以及与名字有关的事迹——献给我们亲爱的丽美人,用轮椅画出最美的弧线。

老师讲了一堂关于"成才,成功"的演讲,虽然听过很多类似的演讲,但是每个演讲者的思想不同,思维方式不同,演讲主题的侧重点也会有所不同,而李丽老师就像感动中国人物里面的颁奖词描述的疾病磨不垮,灾害打不倒一样,拥有恬静怡然的心态,用自己的精神和毅力来感受生活的美好,感染周围的人。用自己的智慧和思想来帮助遇到困惑的人走出迷途,看见希望。

李丽老师有着不同于常人的遭遇,同时也有着超乎常人的勇气,保留着超越年龄的的激情和行动力。

从老师的演讲体味人间的善良与宽容的力量,李丽老师身上背负的责任感和身体力行的执行力更让我敬畏(因为我觉得责任感和行动力我比较欠缺一些)。

教育心理学产生渊源
它是心理学与教育结合并逐渐形成一个独立分枝的历史过程。19世纪,随着心理学的发展,不少学者试图用心理学的观点来论证教育过程。赫尔巴特是第一个明确提出将心理学作为教育学理论基础的学者。早在1806年,他就发表了《普通教育学》一书。

　　我想起自己那些掰着手指也数不过来的胎死腹中的计划，没有实实在在去履行的豪言壮志。

　　晚上想了千条路，早上醒来一条路的恶习。知道老师在遭遇车祸后下定决心学习心理学，教育学等各种知识，取得成绩，然后回馈社会。一对比，才知道自己有多么肤浅和幼稚。

　　作为一个志愿者，我也有服务社会，感恩社会的想法，也有做一些事情，但是却发现，效用和能力是成正比的，没有才能的支撑，没有实力为后盾，空有报国热情，满腔壮志，连自己的人生也难以完善，更不能谈实现自己的社会价值，帮助他人了。

　　感恩和宽容是老师今天讲的两个重点，增广贤文里就有："人之有德于我者，不可忘也。"

　　从小事从身边做起，首先要有一颗感恩的心去感恩自己的父母，即便自己的父母爱护你的方式不是很好，甚至是你很难接受的，但是，我想说的是，爱的出发点是没有错的，只是可能在前进的路上拐了一个弯，你能够原谅自己一路走过的过失，也请用一颗"海纳百川，有容乃大"的心态去接受你的亲人，朋友，自己，他人。

　　引导和教育，有则改之无则加勉，愿与所有的超级宝宝们一起分享成长的感动，幸福和美好。愿我们一起努力，让感恩和爱从自己的心腔出发，延续爱，传递爱，发展爱。

　　丽爱天空，加油！超级宝宝们，给力！

不用扬鞭自奋蹄，誓把刑期当学期

　　郴州监狱全体服刑学员们：大家好！

　　经常有人问我：什么是幸福？有人说，幸福就是好的身体加坏的记性。而幸福对于我来说，是坏的身体加好的记性。

　　2005年正值春风桃李花开的季节，受郴州监狱领导的邀请，我们一行10余人，第一次来到郴州监狱开展社会帮教活动。

从此"丽美人"这个充满温馨浪漫的名字不胫而走，并于2007年走上了"感动中国"的领奖台。

所以说，"感动中国"是因为有你们才有我。借此机会，我要向全体学员兄弟们说一声感谢，感谢兄弟们对我的信任。感谢你们对我们公益事业的大力支持和理解！

衷心感谢监狱领导的再次邀请，虽然时隔7年我们又来了，再一次高墙见面的缘分让我无法释怀，曾经与我们建立书信交流的学员们，这种缘分对我来说其实是一段十分痛苦的记忆，在我的内心里只希望你们都好好的。

今天，工作人员向我递上厚厚一沓来自郴州监狱的信件和感言，从你们每个人的字里行间里，我读到了你们的真诚、信任还有文采。我相信透过每一段文字的背后，都是一个个鲜活生命的真实存在，都有一个充满悲情的故事，都有一颗善待渴望新生的心。

古人说得好："知耻近乎勇"。正所谓人孰能无过，做错事不是最可怕的，最可怕的是不敢勇于承认错误，不敢为自己所犯的错承担责任。有的人犯了错并不是想着怎样去弥补，希望能够亡羊补牢，减少对他人的伤害，反而是遮遮掩掩、欲盖弥彰、怨天尤人，我们不要当这样的懦夫。

每一次走进高墙，看到身穿囚衣的兄弟们，我的心情都很复杂。

我知道兄弟们一定经历过很多人生的苦难，你们在期盼一个人，一个倾听你们故事、分享你们心情的人，而我就是那个人。

我想告诉你们，在生活这条不平路上，你们并不孤单，我们可以彼此相伴走过。高墙隔绝了自由，但绝不能隔绝爱的涌动。或许那条红色的警戒线已经成为你们人生的分水岭，但我坚信这绝不是终点线。

爱，可以让生命从这里再一次扬帆起航。珍重，兄弟们！不用扬鞭自奋蹄，誓把刑期当学期。在你们未来的改造路上，我们将用生命来陪伴大家

一路前行！

　　由于这段时间工作任务很繁重,大学生志愿者们都还在休假中,所以暂时不能及时给大家一一回复,请原谅。

湖南李丽心灵教育中心:李丽

2012-7-21

丽爱天空志愿团"怡智家园"助残活动心得

义工心得

今天我们来到了怡智家园进行义工活动,这次活动给了我很大的启发。

这次活动中让我真正懂得了义工不单单指免费做事, 还有更深远的意义。

"义工"(voiunteer)即义务工作,是指任何人自愿贡献个人的时间和精神,在不为任何物质和报酬的情况下,为改进社会而提供的服务.义务工作是为改进社会而提供服务的一种助人行为,而助人行为是表达"爱"的一项行动,表达爱的表现是发自内心的无私奉献精神,并非能用金钱和物质衡量。

同时,义务工作的价值及个人所得的回报,是远远超过于一切物质的回报。

有的人批评"义工"就是"免费劳动力",或者说,"义工"就是帮助别人打扫卫生的,有的人甚至于说做义工是浪费时间。

其实不然,义务工作是一项非常有意义、有价值的工作,即使是从事体力劳动的义工,也应该受到同样公平的赞赏与尊重。

义工服务这一新生的服务模式, 无论是对义工本人, 还是对服务对象:无论是对服务机构还是对学校、老师,以至于对全社会都会产生影响,具有深远的意义和作用。

对我们学生来说,义工活动是一个成长契机。义工活动能够协助我们解决社会问题及服务对象的需要,提高服务对象的生活质量,通过亲身体验,使我们了解社会各阶层的生活情况,加深我们对社会问题的认识和关注,培养了人们的社会责任感、公民意识及正确的工作态度。

通过义工服务能够拓宽我们的视野,提高我们观察问题和解决问题的能力、人际沟通能力和社会适用能力。

通过义工服务,还可以使我们了解到自己的局限,从而刺激我们的学习兴趣,增加学习的主动性,加强对学科的掌握和应运,促进专业知识与社会实践相结合。

有的同学是这样评价义工的:"短暂的实践,长远的铺垫"。在调查中,有的同学认为"做义工要做得有效率、有意义,实实在在地去做,做义工是一辈子的事。"

总之,开展义工活动对我们是一种思想情操上的熏陶,是一种道德品质上的培养,是一种能力的锻炼,是一种学识的提高。我们在服务社会的同时,个人得以成长。

——范弘毅

义工活动感想

这次参加义工活动是我第一次和学校参加的义工活动,自然很兴奋。我从来都没有去过福利院,更没有见过什么残障儿童,便很想亲眼看看他们的生活。

我们与残障儿童互动的第一个活动就是送礼物,当我把自己准备的礼物送到他们手中时,心里感到一阵凉,就一个小玩具可以让他们如此开心,就像一个孩子得到期盼已久的玩具一样。

> **儿童教育名言**
>
> 我们必须会变成小孩子,才配做小孩子的先生。小的时候,不把他当人,大了以后,也做不了人。大自然希望儿童在成人以前就要像儿童的样子。

当时,我也想了很多,命运是如此的不公平,他们没有任何过错,但他们的智力远远低于常人,生活在那样长不大的世界中。他们的真诚也感动了我,他们似乎还保持着那伤天生的善良和单纯,也许他们有的只是善而看不到这世上的邪恶吧!

通过这次活动，我看到了命运的不公平和自己命运的美好。

12月4日是世界志愿者日，这一天，我们来到了怡智家园，一个专门为成年智力有缺陷的人们开设的爱心护理机构，进行了为时半天的爱心活动。

这天我们一大早便来到了怡智家园里，这天的阴雨天也在此刻放晴。不光有我们，同行来当自愿者的还有湖南工大的大学生们，以及著名爱心团体"丽爱天空"的创始人李丽阿姨——一位身残志坚、年近半百却还精神饱满，光彩照人的阿姨。

一到怡智家园我们便看到家园里的成员们，那些只不过不能很好地表达自己的同我们一样的人们。

他们穿着整洁，系着印有怡智家园的围裙，见到这么多生人，他们已显得很兴奋，一个劲地询问家园里的老师们，"今天是什么节日？"听到"是你们自己的节日啊"时，他们都笑得很开心，在阳光的照耀下透出非一般的光彩。

活动开始，先是李丽阿姨的演讲。李丽阿姨身患残疾，但未曾绝望，而是一心投入到残疾人帮助的道路上来，用自己微弱力量呐喊，希望唤起更多人的良知，聚集更强的力量。

她成功了，带起了越来越多的人奉献，她自身的力量也因其伟大的功绩而高大起来，获得了感动中国的荣誉，也许正是如此的经历，使她对残疾人们有了更切身的体会，而这一切，融入了她的言行举止，在她的演讲中，无不透着爱和希望。

她教导我们，要感恩、要坚强、要珍惜。人只能靠自己，靠自己的双手，靠自己打拼。

我们要学会感恩，世界上有很多人在关心，牵挂着你，感谢有你们，让我们内心充满光华。

我们也要学会珍惜，人的一生太过短暂，人的生命又何其脆弱！她说了一个故事：有一个女孩有天打电话给她，说她妈妈得了肺癌晚期，医生说也许只有三个月遥期限了,她很迷茫,问李丽阿姨她该怎么办。李丽阿姨说:"如果我只有几个月就走到尽头,我会在这段时间里,尽可能多地走访社区。我要教他们如何有意义地度过每天的生活,教他们如何贡献自己的价值,教他们如何去爱。一个星期限走一个社区,我也可以走十几个,我要让我们的爱与希望辐射到更广的地方。"也许若不是像她那样目睹过生死,她根本不会理会,也不会理解生之意义。

很多时候,我们把生命的存在看得理固宜然,却没注意到它的转瞬即逝,没体会到生命之美好。我此时看了看那些怡智家园的成员们,他们一个个都在聚精会神地听着,脸上泛着温暖的笑容。我不知道他们是否理解了李丽阿姨的话语,但是,我能看到,他们的心确定与李老师贴在一起,带着爱一起共振。

之后,在我们自愿者轮番表演完自己的节目,该是怡智学员们的了。一位妈妈,领着有缺陷的儿子,在台上合唱了一首歌,那个儿子的表情控制得很不好,而他妈妈笑得很灿烂。

说真的,我一句也没有听清,虽然他们唱得很认真,我原来以为,自己的孩子如果先天有缺陷是件相当不幸的事情。

然而在他们的表演中,我看到的绝不是悲伤和不幸,他们唱得是那样的响亮,那母亲的表情又是多么慈祥和幸福!我被他们深深地触动了。

这次义工,我觉得不是我帮助他们,而是他们在帮助了我。这里是最不幸而又最幸福的地方。

有谁能比他们,连笑都笑不好,活都讲不清,更加的悲惨呢?然而他们却比那些心智健康的人笑得更开心,过得更幸福。他们让我明白,生活中哪来那么多灰暗。

做个简单的人,发出简单的笑声,即使真有那么多让人不高兴的事情,也能让"没心没肺"来驱散。只在意午后三时的阳光,只享受

儿童教育名言

跨越成年时期而进入老年时期的青年人,就像年迈老朽要强装青年一样,是令人生厌的。任何事物只有本身和谐、自身相称时,才显得美好、优雅。凡事各有其序。勉强的、过早成熟的儿童是精神上的畸形儿。

——别林斯基

让人轻松的平凡。

我很庆幸在这既是有着希望的时期，又是充斥着绝望的年代里，这里有这么一个充满着纯粹的爱与希望之地。

这里自愿者们都尤其美丽，他们没有歧视，几年如一日时陪伴着些"孩子"们一起生活，一起欢笑。真的，关爱他人奉献自己不就是体现自己价值的最好方式吗？

如今我坐在教室里回忆当时的感动和收获，我想我大概永远也忘不了他们传递给我的爱和希望。

> **儿童教育名言**
>
> 只有了解孩子的心灵，时刻都不忘记自己曾是个孩子的人才能做个好老师。大自然不需要早熟的果子，因为那是生涩的、不甜美的。人类需要渐渐长大的儿童，揣着童心的儿童的样子的儿童，那长是长久的、健康的、醇美无比的。

义工活动感想

我和留学社的部分社员一同参加了由"丽爱天空"自愿团组织的关爱残疾朋友的义工活动，帮助的对象是怡智家园的智障朋友们。为了这次活动，我们早早就开始准备了，买小礼物，排演节目，为的就是能让他们度过愉快的一天，不可否认亿们身体上的残疾，这是命运待他们的不公，我们无法改变，但是即使命运对他们不公，我们也不可能抛弃他们，如果我们这些健康的人都抛弃了他们，那他们就真会变成世界的弃子了，我们要用我们的爱去弥补他们那残缺的得身体。让他们重新回到这世界的怀抱之中。

义工活动我也做个不少，但这次的活动，让我感到十分特别。以往的公益活动都是我们去帮助他们，我们是施助者，他们是受助者，而这次活动不像一次简单的援助活动，更像是一次联谊活动。他们从我们这里收获了欢乐，来自社会各界的关爱，而我们则通过这次活动，对残疾人更加了解，更从他们那里学到了一种积极向上的生活姿态。

在这次活动中最让我感动的是一位母亲带着自己的智障儿子，一同为大家演唱。虽然他们唱得远没有我们大家好，但他那唱歌的认真的表情仍让我们为之感动。

一个残疾人况且都能够通过歌声来感恩,而我们这些健康人为什么不能拿出一点时间来做公益感恩社会呢?

义工活动虽然结束了,但感恩社会的理念却永远留在我们心中。

志愿者——光荣之路

那一天,阳光明媚,我踏上了光荣的自愿者之路。

这一条陌生而又充满挑战的路,使我满怀期待。主持人甜美的声音才让我从思绪中拉了出来,我渐渐了解到这些人生活的无奈和艰辛,他们不能把自己的声音及时而正确地表达出来,也不能自己打理自己的生活,不能和其他人交流一些有兴趣的事,不能理解这个世界在喧闹些什么,但他们知道,接过别人的礼物要说谢谢,别人表演完毕要热情地鼓掌,知道勤劳的快乐,知道单纯的幸福,其实有时候,也会羡慕他们所拥有的,正是他们一开始就失去了现在才有时间在这不知停歇的人生长河中在岸边驻足小憩,感受这难得的午后阳光。

最使我感动的要是那母子深情对唱,如果是我在发现自己的孩子有问题时真不知有没有勇气安慰自己好好过下去,而那位母亲那位衣着酒红厚大衣扶着自己的儿子。

在阳光下难掩骄傲人母亲。她的微笑很难得,想必这是逆境的力量,也是阴霾下自强不息的小花。

她的儿子唱得很艰难,但却很投入,而他的妈妈在,在见证了她儿子进步的地方一展歌喉可是觉得很光荣。

我敬佩这天底下的母亲,另一位当属我们的李丽老师。

刚见李丽老师,就是一副对生活充满希望的样子,一大早用有力的握手及温暖的拥抱迎接我们。让我感受这人与人之间的大爱。

"丽爱天空",我希望能在这一片天地里奉献绵薄之力。

——何佳妮

前两日还乌云密布,狂风大雨,但到了今天12月4日太阳就再次普

照大地，早上，我是被阳光叫醒，稍作洗漱便出门。

到了门口便看到社长一行人，浩浩荡荡的站在门口，在商量着什么，先去替住在工作室的小孩子买好礼物，便就向工作室出发，到了中途站时工作室的工作人员还没来讨论了一下该表演的节目后伤心地发现自己昨晚的功夫白费了，诗朗诵，由于我昨天没有参与排练，悲惨地将我踢出，易星舟还借"每个人都要表演节目"之后硬拿我去唱《爱与希望》。

到了工作室，便看到了敬爱的李丽老师，坐在轮椅上向我们很和谐地笑着，领过服装穿好，便看到那里的小孩在一边站，李丽老师深情地讲述了开办这所工作室的缘由，他们的处境。

我听着听着，心中莫名地涌起了一种心酸，或许是先天，或许是后天的一次意外，使他们变得与常人不同，甚至是无法自理，他们已无法享受与常人一样的乐趣，无法看到更美的天空，还要接受世俗的眼光，庸人的鄙夷。

在给他们送礼物时，他们的笑容是那么的灿烂，那样开心，真的，其实很简单，之后的活动是包饺子。

面片是买来的，所以很薄、很大，每次加馅都加多了，饱到一半总要挑一点馅出来，有时饱着饱着面皮就破了，无奈，得用另一张面皮做，于是一个超诡弄的饺子诞生了。

这次的义工活动让我收获颇多，以后一定要多来看望他们。

这是我第一次参加义工活动，这个活动给我的感触也很深。

他们是一群需要帮助的孩子，而我们同样也需要他们的帮助，他们的善良和天真，他们简单的世界，会让我们变得宁静，会去发现自己的心拥有思考的空间。

他们跟我们一样,是平等的、聪明的,他们也是有喜怒哀乐,也会微笑、会哭泣。但跟我们不同,他们的心不会变,不会像我们一样复杂,他们都是阳光的。

我只愿,我们所做的能够帮助他们,他们能够好好的。

1106班吴天唯

每个人都是一个天使,给他人带来希望、快乐,帮助他人、快乐自己。

在那里,我其实很受感动,特别是看到一对母子一起为我们唱歌的时候,才对母爱的不离不弃有了更加深层次的了解,那到了那种来自血肉和灵魂相依相伴。

还记得一位好心的朋友看到他的同伴在说我们的电子设备时,立马抢过来,给我们并告诉我们,他的朋友会摔东西。

人之初,性本善,他们的智力可能还没有太高,但他们也是会为他人着想的,这便是人性之美吧。其实,在日常生活中,各人的相互帮助是必需的,帮助他人也是人的本能,不然在这个自然界不可能生存得这么好,只是现代有些人所被一切东西遮挡住了双眼,但最本质的善良还是依然存在的。

公益和义工的事业在中国还正在起步,我们还有很长的一段路要走。

我们要带给更多人希望和温暖,让社会更加和谐。

——庄晟

做志愿者有感

带着激情、兴奋,我们迈上了自愿者的道路。

这是我第一次参加自愿者活动,莫明的感觉涌上了心头。

没过多久,我们就到达了目的地,虽然看起来那样简陋,却充满着小小的温暖。残疾人朋友的可爱和单纯。

最让我难忘的是:那一场激动人心的宣誓,这一宣誓就带我走上了自愿者之路,我成为了一名光荣的自愿者。

我们继续做自愿者活动。

——游抒

李丽家庭教育讲座

父母的胸怀是儿女的天堂

2012年11月27日下午2:30，我校初二年级家长学员培训大会在怀求体育馆召开。此次培训大会我校邀请到2007年感动中国人物李丽作为主讲嘉宾。

首先，蒋校长向在座的家长们简要介绍了我校的基本情况。我校目前发展态势良好，初步取得了一些教学成果。但我校全体师生将会再接再厉，为把明德天心中学打造成一所品牌初级中学而努力奋斗。

接着，李丽老师从四个方面同大家分享了自己多年来有关家庭教育所积累的宝贵知识和经验。

1. 初中阶段的情感教育。这要求家长们对于自己处于初二年级这一阶段的孩子要重视其情感教育，让他们学会尊重他人，培养他们自我认知的能力。

2. 家庭教育存在的问题。家长们要避免几个经常出现的做法，即重养不重教、重智轻德、有求必应、对孩子期望过高。从小教会孩子怎样做人才是培养孩子未来"成才"的关键。

3. 先了解孩子才能帮助孩子。家长们要先了解初中学生的情感特点，把握情感教育的内容，从而达到更好地教育孩子的目的。

4. 初中情感教育的实施。我们要做到学校、家庭、社会在情感教育上的结合，以学生的自我教育为重要施教方式，通过学校教育以及组织情感教育活动来实施情感教育，培养他们做一个快乐的孩子，做一个健

> **儿童教育名言**
>
> 固然，许多事物赖于学校一般规律，但是最重要的东西永远取决于跟学生面对面的教师个性，教师的个性对年轻心灵的影响所形成的那种教育力量，是靠教科书、靠道德说教、靠奖惩制度等无法取代的。
>
> ——乌申斯基（俄国）

康的孩子。

"合抱之木,生于毫木;九层之台,始于垒土",在人才培养的过程当中,家庭教育是基础工程,家庭教育的好坏将直接关系到学生的成长、成才。

我校通过搭建共同学习交流的平台,将学校教育与家庭教育有机结合,致力于学生的全面发展。

李丽励志教育讲座

2012年11月28日上午9:50,我校初二年级学生大会在怀球体育馆举行。

此次大会特邀请到"感动中国"十大人物、全国未成年人思想道德建设先进工作者、中国百名优秀母亲李丽老师为同学们做主题为"立成人之志,筑成才之道"的教育讲座。

我校校长蒋铁祥、教育处主任杨芳、初二年级组长赵双球出席此次大会。

会议共分为三个流程。

首先,蒋校长发言,表明明德天心中学非常感谢李丽老师连续两天来,分别为初二年级的家长们和同学们作心灵教育讲座。他希望同学们在聆听李老师的励志讲座后,能有所感悟,有所思考,有所启发。

其次,李丽老师以案例为导入,向同学们发表"要想成才必须先成人的"的感言,继而引出此次讲学主题,即"立成人之志,筑成才之道"。

接着,她从以下三方面展开叙述,教导同学们如何更好的进行自我"成人"教育:

一是要培养自身良好的思想品德,努力养成感恩、宽容和善良的高贵人格品质。

二是要培养自身良好的生活习惯,学会劳动,学会自信,学会自强。

三是要培养良好的学习习惯,养成自觉管理时间观念,增强自身的求

知欲望,树立正确积极人生观。

接着,赵组长讲话,对目前学生在学习和生活的问题和表现作简要总结,并计划规划下一步的相关重点工作事项。

此次学生大会,李丽老师让我们深深的感悟到:"成人"教育的核心是"德育","成才"教育的核心是"智育"。只有真正树立正确的人生观、世界观和价值观,养成了良好的生活、学习习惯,才能更好地"成人",只有刻苦勤奋,不断学习,用人类社会创造的优秀文明成果充实我们的头脑和心灵,我们日后才能真正"成才"。

和丽妈妈一起学习"党的十八大"

2012年11月10日清晨,天空依然下着雨,我早早的起来。一出门寒风吹来,我不自觉的叫了一句:好冷啊! 不过,今天是个"回家"的日子,再冷也不能阻挡我回家的步伐。

我和其余6名志愿者一道兴致勃勃的从校门口坐公交去李丽心灵教育中心,当我们步入"中心"办公室时一股热浪和温馨的感觉扑面而来。云凤姐和逊哥热情地与我们打招呼,接着丽妈妈划着轮椅出来和我们见面,并带着微笑亲切地说:宝贝们,欢迎你们回家。

在活动的一开始,我们温习了《感恩的心》手语。然后是自我介绍,我们一边介绍,丽妈妈一边分析父母给我们起这个名字的含义,深刻而幽默的语言,不断引来阵阵笑声。

这时来了一位慕名前来寻求咨询的爸爸,他的事业取得了成功,而孩子的教育却疑惑重重。

李丽老师非常耐心的引导和举例子来启发这位爸爸,传输"孩子有病,家长吃药","家长好好学习,孩子天天向上"的教育心得,不仅让这位爸爸深受启发,也使我们受益匪浅。

活动中,葛鹏老师分享了他们深入邵阳县"无妈乡"看望留守儿童,给他们送去了三颗心的种子:感恩、责任和快乐。看到孩子们一张张可爱的笑脸，我很开心，看得出他们很喜欢葛老师一行的到来。但我又觉得好心疼，因为这些孩子们太缺乏关爱了，如果有机会，我会和葛老师他们一起去支教。

最重要的环节到了，由"教育中心"党支部蔡博飞大哥带着大家观看"十八大"盛况。

观看完之后，他围绕十八大精神联系工作实际，谈得头头是道，我们听得津津有味。

在讨论环节，一开始我们并不知道讨论什么，但是在丽妈妈和云凤姐的指导下，才打开了话匣子。我们不但讨论了十八大的内容，还结合实际讨论了怎样把握好大学生活，做好志愿服务。

针对志愿者反应的面对一些社会乱象，不知如何辨别真伪还会上当的问题，丽妈妈耐心的教导我们：首先，自己要做一个有道德的人；其次，身体力行，去感染他人做一个有道德的人。仅仅几句话，却让我们有种豁然开朗的感觉。

最后，葛鹏老师做了总结，告诉我们：要干有文化之事，做有文化之人，交有文化之友。在十分欢快温馨的情境，我们通过学习和讨论"党的十八大"提升了政治素养、增强了责任意识，特别是对未来的大学生活和志愿服务更是充满热情与希望！

姜斌先生访问李丽心灵教育中心

湖南惠民农村留守儿童学前教育基金会（英文名：HM foundation，以下简称"惠民基金会"）是由湘籍民营企业家姜斌先生发起成立的非公募基金会。

经湖南省民政厅批准成立，登记证号：（湘基证字第143号），业务主管单位为邵阳市教育局。惠民基金会的原始基金为700万元人民币（含注册资金200万元），来源于发起人的

> **儿童教育名言**
>
> 善于宽容，是教师修养的情感问题，宽容中蕴含的理解、信任、平等，表明教育者对自己和教育对象积累了足够的信心，也浸透了一种对事业、对孩子的诚挚和热爱。

捐赠。

姜斌：理事长，湘籍知名企业家、港商、慈善家、共产党员。香港一通投资集团创始人。有着丰富的人生阅历和企业经营管理经验。创办了"湖南惠民农村留守儿童学前教育基金会"任理事长。

10月26日上午，带着对李丽同志的敬意，我去到了李丽心灵教育中心。

李丽同志身残志坚，虽历经各种磨难，却依然无怨无悔地从事着服务他人的工作，是我们时代的道德模范。

从办公室工作人员的介绍当中不难看出，李丽同志在踏踏实实做公益。

监狱帮教、辅导青少年的心灵、改善孩子和家长的关系、鼓励残疾人坚强面对生活、组织志愿者去山区给山里孩子带去温暖，很难想象一个残疾人在这么执著地从事着一项伟大的公益事业。

李丽无奈地告诉我，由于他们所有的服务工作都是不收费的，她一个残疾人支撑起一个这样的公益团体真的很艰难，每一次活动和志愿者的培训都需要资金运作，这让她的各项工作难以展开。李老师敞开心扉，跟我说起了自己的艰难。"我们是心灵强者，但是是物质乞丐！我们在帮助别人，但是我们也需要别人的帮助！"

她的精神感动了我，同时也启发了我无限的思考……公益事业需要得到更多人的支持，需要得到全社会的认同，如何汇聚力量帮助弱势群体是一个大课题！

访问了李丽心灵教育中心后，我一直在思考怎么为这些从事公益的人带去希望，改善他们的状况，推动公益事业的发展。惠民基金会的姜斌理事长是一个充满爱心和公益心的企业家、慈善家，他成立惠民基金会，劳心劳力改善农村留守儿童的学前教育和农村留守儿童的生活状况。

李丽心灵教育中心和惠民基金会是都是值得尊敬的公益团体组

织，如能促成他们的合作，那么他们正在从事的公益事业必将事半功倍。

30日上午，应我的邀请，姜斌理事长一行来到长沙，在我和促进会孙科胜会长的陪同下去到了李丽心灵教育中心。同是公益团队的"当家人"，姜斌和李丽同志一见如故，跟我们一同分享着这项事业的感动与艰难。

我们湖南省对外经济文化促进会一直致力于能够为湖南社会各项事业的发展，为多项工作牵线搭桥。能促成公益事业的发展公益和慈善是我的愿景，今天又是一个晴天，希望这次姜斌先生的爱心之旅能有所收获，也祝福所有从事公益活动的人！

合作，让我们共同成长

2012年5月16日，阳光明媚，受湖南李丽心灵教育中心邀请，在学校党委徐林书记的带领下，教育处蒋铁祥副主任、团委阳淼副书记、心理工作室郭向阳和徐波老师一行来到位于芙蓉南路的湖南李丽心灵教育中心进行参观和交流。

李丽自幼患小儿麻痹症，后又遭遇严重车祸。她经历过大小手术40多次，身上被切口达270多处，现在行动只能靠轮椅。但她并没有向命运屈服，而是"把挫折当存折，把苦难当享受，把失败当财富，把残疾当动力"。

2005年初，李丽自筹资金赴北京师大系统学习家庭教育、儿童心理学、犯罪心理学、发展心理学等课程，并通过考试取得心理咨询师资格。回衡阳后创办公益性机构——李丽家庭教育工作室，建立"丽爱天空"公益网站，开通24小时心理疏导热线。

她深入学校、企业、社区、部队、监狱，义务开办家庭教育和心理健康教育讲座，共举办讲座500多场，听众达80余万人次。2007年被评为"感动中国人物"。

2010年4月9日，湖南李丽心灵教育中心在长沙市芙蓉南路湘园社区落成。

明德中学一行到达中心后，李丽老师等中心工作人员对我们的到来表示热烈的欢迎，并向我们简单介绍了该中心的基本情况，表达了与明德中学一起将服务学生、服务社会的公益事业进行下去的愿望。徐书记对李丽老师的工作致以了崇高的敬意，并且对明德中学与李丽心灵教育中心的合作工作当场给予了肯定。

蒋主任就明德中学的具体情况以及合作的具体事宜做了进一步的描述和规划，阳淼书记同时表达了学生社团和学生活动与中心的合作愿望。随后心理工作室的郭老师与李丽老师就专业问题进行了简短探讨。

在过去的许多年中，像我这个年龄的人都是在别人的照顾中活着，但每个人心中都渴望拥有一个机会，将心中的光亮分享给他人，希望可以照亮并温暖他们心中的一寸土地。

从高中毕业已经一个多月了，曾幻想过毕业后的各种美好生活，但现在我知道了现实和理想总是相差很多。毕业后，生活没有了读书时的充实，只有无聊再无聊。我心中希望分享光亮的愿望也因为一个偶然的机会实现了，所以我很感谢李丽心灵教育中心和帮助我进入教育中心的人，在我心中你们是那么美，美的不可言语……

今天第一次到李丽心灵教育中心我的心便被触动了，感觉这里的每一个角落都吸引了我，我心中的渴望在这一刻似乎得到了满足，我喜欢注重细节，我更认为往往最打动人的地方也是在细节的方面，心灵教育中心充满了温馨，不得不说相对于富丽堂皇的装饰我爱的是这种在细节方面充满温馨的港湾，李丽阿姨和在这工作的哥哥姐姐们对我的关爱使我对接下来的工作更加充满了期待。

到达暑期训练营后看见孩子们都在跟随志愿者们背诵《弟子规》《三字经》顿时感觉充满了活力的气息，就好像墙上横幅上写的字那样"中国梦,梦在少年",中国梦的开始也是希望的起源。我知道现在融入他们会有些困难,但现在我却有一种从未有过的坚定,所以我对自己说:只要用心没有什么做不成的!

刚到这里团长哥哥跟我介绍了他们的工作流程并把我分在了红队,队里还有浩哥和单子姐姐,他们对我很热情还把我介绍给了我们的队员小朋友,其他队的哥哥姐姐也对我很好,在这里我感觉好像回到了校园,在这里只有着属于学生的单纯和青春。

第一次这么近的接触这么多的00后的孩子们,我发现每个孩子都有着他们独特的气息,即使有时他们会有着小脾气,但他们更多的是具有一份执著的力量,执著的坚持自己,执著的展示自己,而我还有很多都是应该向他们学习的。

上午刚接触他们时,志愿者哥哥姐姐们要求每个小队背诵《弟子规》的八句,其实当我看到课本时我有些许惊讶,这儿有许多字都认不全的小龄儿童,更何况来念这么有难度的繁体版《弟子规》(即使有拼音),但他们身上的执著还是被我所看见。到队上我看见我们队的三个大小朋友一个在算算数,一个在画画,另一个在聊天,其余几个小点的男孩子都在各玩各的,一阵疑惑在我心中升起,所以我问其中一个小男孩"你会不会背呀?""不会"我继续问"那你为什么还在玩呀,等下要背的,我们队不能输给其他队的,你看他们背的多好。"他下面的一句话着实让我吃惊了"没关系,我有准备……"听到这句话我感觉这不是一般的厉害呀!我又问了另一个小孩"你会不会背呀?"同样他说不会,然而在他边读的过程中边念叨着"怎么办,他们都会背,我背不出"接着就是一脸的窘样。当我在为我们组着急时恰好就轮到我们组背了,他们缓慢的站起来,我本来以为会没有什么声音,但却相反,他们用最响亮的声音赢得了热烈的掌声,我现在都没有想明白这是为什么,都说三岁一个代沟,看来我和他们是有代沟了……在孩子们身上我看到了我很少在高中校园里看到的,他们在玩耍中只有简单的想法,他们在学习中只有坚持的想法,他们在交往中只有单

纯的想法……

第一天的志愿者生活让我感觉到在青春这条道路上还有很长的路要走，新的希望在成长，伴随希望成长的力量也在一天天强大，每一个人都有自己心中的梦想，所以大家都带着他们的梦想在前进，生命之光点亮希望，拥有希望与目标的生命是最美的，他们会在困境中学会坚强，会在黑暗中找到光亮，会在温暖中品味过往的苦痛，亦会用强大的翅膀帮助他人飞翔！

你那么美，美的永存于心！

志愿者：甘梓豫

2013年7月23日

上午的课程是弟子规，是由后勤部几个小伙子上的，课上得谈不上精彩，但内容却很感人。他们的主题是"孝"，特别是第一段关于母亲的视频，这让我不禁想起了小时候的自己，有着类似的经历，使我的眼泪在眼眶里打转，却不敢当着小朋友们的面流下来。还有关于父亲的动画，都让我想念着远在家乡的父亲母亲，半年来没有见过他们，不知他们的皱纹多出了几道，白发又多出了几根，内心对他们的思念在距回家只剩几天的时候还是涌入了心间，觉得温暖，却又止不住想要流泪。常常不敢想，因为以后能呆在他们身旁的时间越来越少了，能够亲身报答他们的机会也就相对变得稀少。很害怕，害怕他们的脊背慢慢变弯，头发慢慢变白，身体慢慢变得不再灵活，很怕很怕……可能很多小朋友还不懂得如此深的父爱母爱，但真心希望他们能够慢慢地在成长过程中去体会，去珍惜，去报答。

下午最让我印象深刻的一个环节就是家访。虽然对小朋友们说是随机抽的家访，但对于张金成这个孩子，我还是留了一点心。因为，我觉得他有一点点逆反心理，但又有点希望和大家打成一片的心理。男孩子不免调皮，但我想要知道他对外界的防备之心从何而来。于是，选中了他。他还是挺欢迎我们的，这点多少让我有点点意外，因为，我是打算下了决心要花很大功夫说服他答应去家访的。到了他家，只有奶奶在家。奶奶一口流利的长沙本土话，我基本听不懂，好在梓豫是长沙人，她恰巧做了回现场翻译，很有趣。在与奶奶的交流中，我们发现，金成的爸爸在外地打工，主要由妈妈负责教育他，但教育方式让我们不禁担忧起来，因为奶奶说金成犯错后大部分都会挨打，也就是说，他的妈妈给他的直观感受就是很严厉，而非温暖的关心与鼓励。我们与奶奶沟通后希望能转告他的妈妈注意教育孩子的方式方法，并强调这一点对孩子的成长至关重要。我真心地希望这次家访能够在一定程度上帮助金成的成长，也希望他能够有个美好的未来！

志愿者：单伶俐

2013年7月25日

第十章　社区里的巧手妈妈邵雪莲

人物传奇

　　邵雪莲是浙江杭州董家新村社区的一名普通退休居民，自幼擅长美术剪纸工艺，对剪纸20多年的执著成就了她美好的巧手人生。退休前，邵阿姨凭借一副十二生肖剪纸图被厂里评为"巧手妈妈"一等奖。退休后，她全身心地投入到剪纸中，创作了大量作品，荣誉颇多：在杭钢、解百集团联合举办的"铸造铁文化，造就高品质"活动中，剪纸作品"张小泉剪刀"获一等奖；在中华民族文化促进会剪纸艺术委员会和温州市文学艺术界联合会主办的"中国剪纸艺术大赛"中，剪纸作品"欢庆十七大"荣获铜奖等。

第一节　美术剪纸工艺大师

　　邵雪莲是浙江杭州董家新村社区的一名普通退休居民，自幼擅长美术剪纸工艺，对剪纸20多年的执著成就了她美好的巧手人生。

　　退休前，邵阿姨凭借一副十二生肖剪纸图被厂里评为"巧手妈妈"一等奖。

　　退休后，她全身心地投入到剪纸中，创作了大量作品，荣誉颇多：在杭钢、解百集团

联合举办的"铸造铁文化,造就高品质"活动中,剪纸作品"张小泉剪刀"获一等奖。

在中华民族文化促进会剪纸艺术委员会和温州市文学艺术界联合会主办的"中国剪纸艺术大赛"中,剪纸作品"欢庆十七大"荣获铜奖;在杭州市第五届"邻居节"开幕式上展出剪纸作品"和谐董家,服务万家",受到市领导和群众的好评……

邵雪莲的剪纸作品多次在市政府和大型活动中参展,一时间她成了杭城民间剪纸爱好者中的佼佼者,现如今已经是杭州市民间美术协会会员、杭州市老年大学讲师团讲师、拱墅区非物质文化遗产指导员、长寿桥小学六年级手工劳动课老师。

1997年,邵雪莲接受了浙江电视台的采访,当被问及是否师从剪纸名家时,她淡然一笑:"我没有接受过专人的指导,对于剪纸完全是一份喜爱、一份执着、一份刻苦与一份耐心,一次剪不好,两次,两次不行,三次……熟能生巧,剪得多了,也便找出道来了。"

"一把剪刀多有用,能剪龙,能剪凤,剪个老鼠生儿去打洞;能剪山,能剪水,剪个鸭子扁扁嘴;能剪鸡,能剪鹅,剪个鲤鱼跳天河。"这句顺口溜,唱的就是她的手艺。

走进邵雪莲的家,十多平方米的客厅里,墙上、桌上放满了大大小小装裱起来的剪纸作品。细看,薄薄的纸张,刀锋过处,线条显现,难以想象一张张普

通的红纸是怎样在邵雪莲游动的刀剪下，羽化成异彩纷呈的艺术画卷。

据悉，邵雪莲开始剪纸20多年来，创作作品近千幅，获奖和展出的作品也有数十件。

其中作品"欢庆十七大，盛会连民心"，包涵浓郁的文化气息、深刻的寓意和精湛的剪纸技艺，荣获中华民族文化促进会剪纸艺术委员会主办的"中国剪纸艺术大赛"铜奖。

此外，她原创的"古运河"、"新社区"、"十二生肖"等系列主题作品，曾在杭州市第五届邻居节开幕式、杭州第二届民间工艺大师暨工艺精品展上展出，受到诸多观众的好评和喜爱。

临退休前自学剪纸

有这样一门巧手艺，邵雪莲说，这大概跟自己从小就喜欢画画有关。"还在读小学的时候，那时条件差，用不起纸和笔，我就喜欢在地上用树枝在泥沙堆里画画，经常别人去上课了我还浑然不知。"

读完小学后，邵雪莲进工厂做了普通职工，似乎和剪纸没再搭上任何关系。"以前，一般普通人家庭小孩很少有专门从事这门行当的。"

时隔三十多年后，即将从杭州民生药厂退休的邵雪莲，一天在工作空隙，看到车间里有很多废弃的药瓶盖纸垫，就随手拿起剪刀剪了一只小"老鼠"，引来同事称赞。从此，邵雪莲就经常趁工作空余时在车间里剪纸。退休后，邵雪莲主动报名到杭州市老年大学进修，跟着中国美院的老师学习创作剪纸。

除了在课堂上学习剪纸，邵雪莲还去参观展览、逛工艺品店、画廊"偷师"，学习各种艺术作品，吸取创作灵感。

"艺术是相通的，我经常看别人的画、工艺品，现场简笔画下来，自己回家慢慢剪

剪纸艺术

剪纸(Paper-cuts)是中国最为流行的民间传统装饰艺术之一，根据考古其历史可追溯到公元前6世纪，但人们认为它的实际开始时间比这还要早几百年。剪纸常用于宗教仪式，装饰和造型艺术等方面。在过去，人们经常用纸做成形态各异的物像和人像，与死者一起下葬或葬礼上燃烧，这一习俗在中国境外有时仍可见到。

出来。"

一次在杭州大厦艺术品区逛时，邵雪莲看到一幅外国大师创作的用树皮剪贴成取名为"牛"的剪贴画，爱不释手，但是价格很高，邵雪莲就靠快速记忆，现场记住造型回家剪了一副"牛"的剪纸作品，还加上柳叶和春燕等背景，惟妙惟肖，后来看到这幅作品的杭州大厦工作人员直夸她"牛"。

祝十七大召开的献礼之作，当时看到很多以此为主题的剪纸作品只是一个国徽或者是天安门的造型，觉得太单调，就自己试着加上了几个服装特色鲜明的民族人物一起欢歌热舞的场面，又在喜迎盛会背景中巧妙地加入了雷峰塔、西湖等杭州元素，大概评委没看到过杭州版的喜迎十七大，就得了个大奖。"

现在已经是70岁高龄的邵雪莲还经常喜欢去杭州有名的工艺品市场——天工艺苑逛逛看看，"在那里一逛就是四五个小时，有时甚至连饭也忘了吃，总想把看到的美丽东西都变成剪纸。"

创意剪纸捧回国家级大奖

创意剪纸是邵雪莲作品频频获奖和广受喜爱的原因。

她说："我喜欢用剪刀把脑子里想到的故事情节、画面都剪出来，不太喜欢重

汉代剪纸

关于剪纸手工艺术的历史，即真正意义上的剪纸，应该从纸的出现开始。汉代纸的发明促使了剪纸的出现、发展与普及。纸张是一种很容易霉烂的材料，在我国东南部地区气候湿润，再加上当地每年五六月的梅雨天，时间一长纸张制品就霉烂，而民间剪纸又是一种大众化的东西，人们不会像珍宝一样保存起来，搞坏了自己还可以再剪。而在我国西北地区天干少雨，气候干燥，纸张也不易霉烂，这也可能是新疆吐鲁番地区发现北朝剪纸的一个重要原因之一。

复别人的东西。"

不同于普通的剪纸,邵雪莲每一幅作品的背后都是一个故事、一次创意,即使是最简单的"囍"字,邵雪莲也用苹果、香蕉等水果造型拗出一个充满童趣的"囍"字。

提起获得国家级大奖的剪纸作品"欢庆十七大,盛会连民心",邵雪莲说:"这幅是庆祝十七大召开的献礼之作,当时看到很多以此为主题的剪纸作品,只是一个国徽或者是天安门的造型,觉得太单调,就自己试着加上了几个服装特色鲜明的民族人物一起欢歌热舞的场面,又在喜迎盛会背景中巧妙地加入了雷峰塔、西湖等杭州元素,大概评委没看到过杭州版的喜迎十七大,就得了个大奖。"

据悉,这幅长近1米,宽约半米,刀工精细的剪纸作品,邵雪莲花了2天时间创作构思,又用1周左右时间剪刻而成。

邵雪莲的剪纸题材广泛,除了古典传说、时事,她的很多创作灵感来自于日常生活。

有一幅颇为有趣的"老鼠偷鸡蛋"剪纸,是有一天,邵雪莲看到家里的老鼠偷鸡蛋不成,被赶跑之后,经过她情景再现创作而成的,见过这幅剪纸作品的人无不为它的生动逼真所折服。

她还以小时候在农村看到的放牛娃为素材,创作了题为"春晓"的剪纸作品,并被推荐去温州参加一场专业的全国剪纸大赛,其作品受到专业人士的肯定。

除了在构图和题材创新外,邵雪莲不断尝试新的剪纸技艺。比如她用撕纸法,"撕"出一幅"丝瓜蔓藤"图,作品中"撕"出来的粗线条"丝瓜"和"剪"出来的细腻藤枝、花朵,形成鲜明对比,趣意盎然。除了平面剪纸,邵雪莲还用立体剪纸法,剪出能站立的小动物。

"老底子的东西也要不断翻新花样,才会吸引年轻人喜欢,才能传下去,不能老是剪中国结啊!"邵雪莲说。

第二节　变废为宝成工艺品

　　邵阿姨不但喜欢剪纸,也擅长布艺玩具、泡沫雕塑、彩编、撕贴画等艺术品,在杭州市老年大学20年校庆、杭州市第二届民间工艺大师暨工艺精品展、小河直街元宵灯会上,都能看到她的作品,用她的话来说:"我的作品可都是环保型的,变废为宝才有成就感。"

　　除了剪纸,邵雪莲的家里还有很多变废为宝的工艺品。

　　翩翩飞舞的"蝴蝶"原来是一片路边的银杏树落叶,春意盎然的"迎春花"是捡来的枯枝和碎步做成,火红的"玫瑰花"是红色塑料袋折叠而成,可爱的"芭蕾舞女"是漂亮的糖纸,风情万种的外国女郎是装家电的白色泡沫塑料盒雕刻而成……

　　吃剩的糖纸、用过的塑料袋、废弃的泡沫盒,这些看着没用的东西,经过邵雪莲的巧手都变成了一件件精巧美丽的工艺品,让人赞叹。

　　"这大概跟生活习惯也有关系。以前家里条件不是太好,从小就养成了节俭的习惯,什么东西都舍不得扔,就想着废物利用。没想到稍微改造后做出来的东西周围的朋友邻居都说好,我也蛮有成就感的。"

　　现在在邵雪莲的带动下,周围人的生活也越来越环保,即使是买菜用后的塑料袋,大家也会洗洗干净,收集起来,请邵阿姨做件漂亮的工艺品。

第三节　用美术影响社区文化发展

在邵雪莲家里,祖孙三代都痴迷于美术。儿子曾经在杭州美术特色教育中学杭七中读书。后来儿子还在中国学院学过山水画,现在在一家设计公司从事平面设计。

邵雪莲说,儿子从小就喜欢美术,只有5岁时,就能把看过一些电影里面的人物画出来。

孙女现在也是杭七中美术特长生,7岁时就作为杭州小学生代表赴香港绘画交流。

"虽然儿子、孙女都喜欢美术,但是都不会剪纸。"谈起剪纸这门手艺传承问题时,邵雪莲也有些失落,"现在对剪纸感兴趣的年轻人不多,反而是一些老外很喜欢我的作品。"

如今,邵雪莲作为外聘老师在长寿桥小学教授手工劳动课,同时在中国刀剪剑、扇、伞博物馆、市民中心等地方教授剪纸艺术。"我年纪越来越大了,希望能尽快把这门手艺传扬出去,让更多的人感受优秀的传统文化。"

剪纸艺术小知识

剪影艺术

它通过物象外轮廓来表现形象,所以它最注意外轮廓的美和造型。我国著名画家和美术教育家徐悲鸿先生曾说,剪影以"剪纸的形式"表现了"一个高级的造型心灵"。

英国民间流行的"剪影画"就是用黑纸剪出物象的影子,用黑影构成了画面,这种

套色剪纸

是剪纸艺术中应用较为广泛的一种表现方法,一般多采用已完成的阳刻主稿拼贴上所需要的各种色纸。一般主稿所使用的材料都采用较厚实的纸,或者绫缎、绒布等一些高级材料。而且颜色宜用深浓色,这样,套起来能得心应手。广东佛山一种"铜衬料"就是以金箔纸刻成主稿后,各部位分别衬以大红、湖蓝、草绿、中黄,显得富丽堂皇。

剪影画后来还发展成为一种电影的形式。前民主德国的剪影片《山神与打谷者》就是其中一例。

中国早期的皮影戏与剪纸艺术实际上也是相互借鉴和影响的。所以，作为一种艺术形式，它是独具一格的。

填色剪纸

它又称"笔彩剪纸"，把刻好的主稿张贴在一张白色纸上，然后根据各部位的需要分别涂上不同颜色。个别脸部可作适当的渲染。中国广东佛山的"铜凿"剪纸是在一张铜片上先用锤子将图案凿出，在留空处分别涂上不同颜色的油质颜料，当地叫"铜凿"。

这种剪纸给人以金碧辉煌之感，而且便于长时间保存，但一次只能制作一幅。

套色剪纸

套色剪纸是剪纸艺术中应用较为广泛的一种表现方法，一般多采用已完成的阳刻主稿拼贴上所需要的各种色纸。一般主稿所使用的材料都采用较厚实的纸，或者绫缎、绒布等一些高级材料。而且颜色宜用深浓色，这样，套起来能得心应手。

广东佛山一种"铜衬料"就是以金箔纸刻成主稿后，各部位分别衬以大红、湖蓝、草绿、中黄，显得富丽堂皇。

点色剪纸

点色剪纸也叫染色，在生宣纸剪刻好的成品上，用毛笔点上各种色彩。如果要好几层一起点染，色彩颜料中要加入少许酒料，便于颜色渗透。着色时，要注意一种颜色干后方可再上另一色，以免混淆串色。但是如果

为了使两种颜色起渗比效果,染色时不必待一色干后再上另一色,通常上第一次色半干时即上另一色,才能达到渗化的效果。点色剪纸通常应采用阴刻法,便于大块面积留作染色用。点色剪纸色彩强烈,乡土味很浓,以中国河北蔚县的染色剪纸最为著名。

中国浙江平阳的染色剪纸,在继承蔚县的传统点色基础上吸取了西洋水彩画中光和色的运用方法,为点色剪纸的创新探索出一条新的路子。